더불어 아름다운 삶의 제자도

초대

더불어 아름다운 삶의 제자도 _초대

초판1쇄 발행 2023년 11월 30일

지은이 **이진오**

펴낸이/ 우지연　　　편집/ 송희진　　디자인/ 김선희 샘물
마케팅/ 스티븐jh　　경영/ 박봉순 강운자
펴낸곳/ 한사람　　등록번호 제894-96-01106호
등록일자 2020년 2월 1일　　　　주소 경기도 남양주시 다산지금로 202
홈페이지 https://hansarambook.modoo.at
블로그 https://blog.naver.com/pleasure20
ISBN 979-11-92451-26-8 (03230)

ⓒ 저자와의 협약으로 인지는 생략했습니다.
이 책의 저작권은 저자와 독점계약한 한사람 출판사에 있습니다.
무단전재와 무단복제를 금합니다.
잘못 만들어진 책은 구입하신 서점에서 바꿔드립니다.

더불어 아름다운 삶의 제자도 초대

이진오

더불어 아름다운 삶의 제자도로

당신을 초대합니다!

차례

프롤로그 | 더불어 아름다운 삶의 제자도에 초대합니다! / 11

1장   하나님은 누구인가? / 18

　　　전능자, 창조자, 아버지 되시는 하나님 ◦ 22
　　　유일신(唯一神)인 하나님 ◦ 30
　　　독립성과 역사성 그리고 관계성 ◦ 36
　　　정의와 사랑의 하나님 ◦ 40
　　　[부록] 하나님은 존재하는가 ◦ 46
　　　　　철학자들의 신 존재 증명 ◦ 49
　　　　　종교! 자연종교와 계시종교 ◦ 53

2장 예수님은 누구인가? / 58

예수님은 하나님입니다 · 60
7개의 에고 에이미 · 63
예수님은 사람입니다 · 69
예수님은 구원자입니다 · 77
십자가에서 죽고 부활했습니다 · 83
사랑으로 정의를 이루었습니다 · 88

3장 성령님은 누구인가? / 96

성령님은 하나님과 예수님과 함께합니다 · 98
성령님은 보혜사입니다 · 104
성령충만은 성령의 열매를 맺습니다 · 113

4장 삼위일체 하나님의 사귐 / 120

세 분은 모두 하나님입니다 · 122
삼위일체에 대한 잘못된 이해 · 126
삼위일체는 사랑입니다 · 136
삼위일체 믿음은 코이노니아입니다 · 141

5장 사람은 누구인가? / 148

하나님의 형상으로 창조되었습니다 · 151
사람, 원죄가 시작되다 · 156
사람, 죄에 빠지다 · 163
하나님은 사람을 사랑합니다 · 168
사람은 사랑하는 존재입니다 · 172

6장 구원은 무엇인가? / 178

  죄, 죽음, 사탄으로부터의 구원 · 179
  구원은 하나님 나라의 회복입니다 · 185
  십자가를 믿음으로 구원받습니다 · 191
  믿음은 인격적 반응입니다 · 196
  구원받은 자는 믿음으로 삽니다 · 201
  의지의 고백은 믿음의 시작입니다 · 207

7장 교회는 무엇인가? / 212

  교회는 삼위일체 하나님이 세웠습니다 · 215
  교회를 비유로 소개합니다 · 220
  교회, 사랑하고 사랑을 전하는 곳 · 228
  예배, 교육, 봉사, 전도, 그리고 · 232

[참고도서 · 252]

※ 본문에 나오는 성경말씀은 개역개정판을 사용했습니다.

들어가는 말

더불어 아름다운 삶의 제자도에 초대합니다!

"당신은 기독교인입니까?" 그렇다면 당신에게 묻겠습니다. "기독교는 무엇을 믿습니까? 당신이 전하는 복음은 무엇입니까? 천국은 어떤 곳입니까? 기독교인은 어떻게 행해야 합니까?" 이런 질문을 받으면 아는 것 같은데 막상 대답하려고 하면 무언가 명확지 않고 정리되지 않았다 싶습니다. '무엇을 믿는가?'가 명확하지 않으니 '어떻게 행해야 하는가?'가 정리되지 않습니다. 한 종교에 대한 기본 이론을 설명한 것을 교리

(敎理)라고 합니다.

 <더불어 아름다운 삶의 제자도> 시리즈는 '기독교가 무엇을 믿는가?'와 그 믿음을 바탕으로 '어떻게 행해야 하는가?'에 관한 기독교 교리를 소개한 책입니다. <더불어 아름다운 삶의 제자도>는 '더불어 아름다운 삶'과 '제자도'를 강조하고 있습니다. 이 두 가지가 이 책의 목적이고 방향입니다.

 먼저, 제자도(弟子道)는 '제자의 길' 또는 '제자로서 마땅히 지켜야 할 이치'를 의미합니다. 제자는 누군가의 가르침을 받고 가르침 대로 사는 사람입니다. 그렇다면 기독교인은 누구의 제자입니까? 기독교인은 예수님의 제자입니다. 예수님의 생각과 삶을 배우고 예수님을 따라 생각하고 사는 것이 기독교인의 길이고 마땅히 지켜야 할 이치, 즉 제자도입니다.

 예수님의 생각과 삶을 배우고 예수님을 따라 사는 사람을 우리는 믿음이 좋은 사람, 좋은 신앙인, 성경적 그리스도인, 온전한 그리스도인 등으로 말합니다. 이런 사람을 행복한 사람이라고 하거나 풍성한 삶을 사는 사람이라고 할 수 있습니다.

그러나 행복과 풍성을 강조할 때 자칫 '나만' 행복하고 풍성한 삶을 지향하도록 오해하기도 합니다. '복음'이 나에게만 복되고 좋은 소식이 아니라 모두에게 좋은 소식 즉 선한 소식이어야 하듯이, 진정한 행복과 풍성은 나만 아니라 남도 또 우리도 함께 행복하고 풍성해야 합니다.

그래서 저는 예수님의 생각과 삶을 따라 사는 '제자도'를 '더불어 아름다운 삶'이라고 정의했습니다. 나만 행복하고 풍성한 것이 아니라 나와 너, 우리가 행복하고 풍성한 삶입니다. 이때 '우리'가 더 넓을수록 더 많이 더불어 함께 하는 삶이 더 좋은 신앙인이고 더 성숙한 신자이며, 더 온전한 그리스도입니다.

이 책은 <더불어 아름다운 삶의 제자도> 첫 시리즈로 '초대'입니다. 이 책은 '기독교는 무엇을 믿는가? 그 믿음 안에 기독교인은 어떻게 행하는가?'에 관해 소개하고 있습니다.

믿음의 대상은 '하나님'입니다. 그런데 기독교의 하나님은 한 분 하나님이 아니라 하나님, 예수님, 성령님 세분이며, 세분의 하나님이 하나인 삼위일체 하나님입니다. 이 세 분 하나님, 삼위일체 하나님이 누구인가? 또한 그 믿음이 나와 우리에게 어떤 의미인가? 등을 생각해보고자 합니다.

또한 믿음의 주체인 사람은 누구인가? 그리고 믿음은 무엇이고 구원은 무엇이며 어떻게 받는가? 마지막으로 믿는 자들이 함께하는 교회는 무엇인가?를 살펴보고자 합니다.

> 오직 이것을 기록함은 너희로 예수께서 하나님의 아들 그리스도이심을 믿게 하려 함이요 또 너희로 믿고 그 이름을 힘입어 생명을 얻게 하려 함이니라 (요한복음 20:31)

더불어 아름다운 삶의 제자도 '초대'를 통해 예수님이 하나님이며 구원자임을 알게 되고, 그 앎을 바탕으로 믿음에 이르러 이 땅과 영원한 하나님 나라에서 생명을 얻게 되기를 기대하며 기도합니다.

1장 하나님은 누구인가?

1장 하나님은 누구인가?

 당신은 신(神)을 믿나요? 당신이 신을 믿는다면 어떤 이유나 계기가 있었나요? 당신이 신을 믿지 않는다면 당신은 신이 존재한다면 신은 어떤 존재여야 한다고 생각하나요? 기독교가 믿는 것이 무엇인가? 를 설명하며 가장 먼저 기독교가 믿는 신이 누구이고 왜 믿는가에 관해 소개하겠습니다.

 종교마다 자신이 믿는 신을 다양한 호칭으로 부릅니다. 기독교에서는 신을 "한 분 또는 큰 분"이란 의미로 '하나님'이라고 부르거나, "하늘에 계신 분, 초월적인 분"이란 의미로 '하느님'이라고 호칭합니다.

기독교 경전인 성경(聖經, Bible)은 구약성경과 신약성경으로 나눠집니다. 구약성경은 주로 '히브리어'와 약간의 '아람어'로 기록되어 있고, 신약성경은 주로 '헬리어'와 '아람어'로 기록되어 있습니다. 구약성경에서 신은 히브리어로 '엘로힘'(אלהים)이라고 합니다. 이때 '엘'(אל)은 "전능하다, 강하다"등의 뜻이고, '엘로힘'은 "강한 존재, 전능한 존재들" 등의 뜻입니다. 엘로힘을 번역한 단어가 GOD, 神 등이고 우리나라는 '하나님' 또는 '하느님'이라 했습니다.

또한 성경에서 '이스라엘'은 특정 국가 명칭이기도 하고, 하나님의 백성 또는 하나님을 믿는 사람을 뜻하기도 합니다. 이스라엘은 신, 즉 엘로힘을 '여호와'라고 불렀습니다. '여호와'는 히브리어 יהוה를 중국어 성경에서 '耶和华'(야화화)로 표기한 것을 우리말로 번역한 것입니다. 우리 말 성경은 처음에는 중국어 성경을 번역했기에 '여호와'라는 표기가 표준이 되었습니다. 그런데 실제 히브리어 발음은 '여호와'보다는 '야훼'

에 가깝다고 합니다. 그래서 일부 성경과 기독교 교파에서는 여호와 대신 야훼로 부르고 표기합니다.

'여호와'는 뜻이 명확하지 않습니다. 성경에서는 하나님이 모세 등 사람에게 나타나 자신의 이름을 '여호와'라고 알려주는데 처음에는 "여호와가 하나님이다"라는 방식으로 소개합니다. 이는 너희가 신, 즉 엘로힘(하나님)이라 부르고 믿는 전능한 존재가 바로 "그다"(He is)라고 지칭하는 의미입니다. 따라서 '여호와'는 처음에는 '엘로힘'을 가리키는 '그', '그분' 정도의 의미로 사용되다가 이스라엘의 신, 즉 하나님을 지칭하는 보통 명사가 되었습니다.

구약성경의 배경인 고대 중근동은 모든 민족과 지역마다 신이 있다고 믿는 다신론(多神論), 또는 범신론(汎神論)이 일반화되어 있었습니다. 따라서 자신이 믿는 신이 '엘로힘', 즉 가장 전능한 존재라고 믿었습니다. 세상에는 많은 신이 있고 자신들이 믿는 신이 가장 강하고 전능한 존재라 믿은 것입니다.

이런 배경에서 "여호와가 하나님이다"라는 표현은 "여호와만이 엘로힘이다"라는 것을 강조하는 고백입니다.

전능자, 창조자, 아버지 되시는 하나님

기독교가 믿는 하나님에 대해 올바로 알기 위해서는 '성경'에서 하나님에 대해 누구라고 소개하는지 이해해야 합니다. 성경은 다양한 설명과 비유로 하나님에 대해 알려주고 있습니다. 많은 설명과 비유를 크게 분류하면 3가지로 정리할 수 있습니다.

첫째, **전능한 분**입니다. '전능'(全能)이란 뜻은 못 하는 것이 없다는 말입니다. 하나님이 전능한 분이라고 할 때는 '전지'(全知), 즉 모든 것을 안다는 의미와 '무소부재'(無所不在), 즉 존재하지 않는 곳이 없다는 의미를 포함한 말입니다. 하나님이 전능한 분이라는 것은 시간과 공간을 초월한 존재라는 의미입니다. 성경은 많은 곳에서 하나님을 전능한 분이라고 표현합니다.

창세기 28장에는 야곱이 형을 피해 멀리 외국으로 도망가기 전, 아버지 이삭의 축복을 받는 장면이 있습니다. 이삭은 야곱을 축복하며 하나님을 "전능한 분"이라 고백하며 부릅니다.

> 전능하신 하나님이 네게 복을 주시어 네가 생육하고 번성하게 하여 네가 여러 족속을 이루게 하시고 (창세기 28:3)

시편은 하나님께 올려드리는 찬양만 있는 게 아니라 탄식하고 간구하는 기도언어로 가득한 책입니다. 특히 시편은 150편이 기록되어 있는데 많은 곳에서 하나님을 전능한 분이라고 고백합니다.

> 전능하신 이 여호와 하나님께서 말씀하사 해 돋는 데서부터 지는 데까지 세상을 부르셨도다 (시편 50:1)

선지서는 하나님의 말씀을 전하던 선지자들이 기록했거나, 선지자들의 활동과 전한 내용을 기록한 책입니다. 선지자들은 자신에게 말씀을 주신 하나님을 전능한 분으로 고백하며 전능한 분이 주신 말씀을 전한다고 고백합니다. 다음은 스바냐 선지자의 고백입니다.

> 너의 하나님 여호와가 너의 가운데에 계시니 그는 구원을 베푸실 전능자이시라 (스바냐 3:17上)

둘째, **창조자**입니다. 하나님이 창조자라는 것은 이 세상 만물을 만든 분으로 하나님이 조물주(造物主) 되신다는 것을 말합니다. 창조자는 세상을 한번 창조한 것으로 자신의 역할을 마친 게 아니라 창조한 세상을 보존하고 관리하며 인도하는 분이라는 뜻을 가집니다.

성경의 가장 첫 번째 책인 창세기는 하나님이 세상을 창조한 이야기로 시작합니다. 그래서 성경 전체의 표제가 되는 첫 구절인 창세기 1장 1절은 하나님이 세상을 창조했다는 고백과 선언으로 시작합니다.

태초에 하나님이 천지를 창조하시니라 (창세기 1:1)

시편에도 곳곳에서 하나님을 창조자라고 고백하며 찬양합니다.

여호와의 말씀으로 하늘이 지음이 되었으며 그 만상을 그의 입 기운으로 이루었도다 (시편 33:6)

선지서도 많은 곳에서 하나님이 창조자임을 고백하고 선포하는 말씀이 있습니다. 선지자 이사야의 고백입니다.

너희는 눈을 높이 들어 누가 이 모든 것을 창조하였나 보라 주께서는 수효대로 만상을 이끌어 내시고 그들의 모든 이름을 부르시나니 그의 권세가 크고 그의 능력이 강하므로 하나도 빠짐이 없느니라 (이사야 40:26)

셋째, **아버지**입니다. 성경은 하나님을 아버지라고 부릅니다. 이때 '아버지'는 남성을 지칭하거나 성역할로서의 의미가 아닙니다. 하나님은 사람처럼 성(性)으로 구분할 수 없습니다. 성경에는 하나님을 여성이나 어머니와 같이 표현한 곳도 많습니다. 아이를 업는 모습(신명기 32:11)이나 아이를 낳은 어미와 같은 모습(이사야 49:15)으로 묘사하기도 하며, 내가 너를 낳았다(히브리서 1:5)는 표현으로 나타나기도 합니다.

저는 고등학교 1학년 때 처음 교회에 나갔습니다. 그런데 하나님을 아버지라고 고백하고 부르는 것이 어색했습니다. 이런 어색함은 나를 낳아준 아버지에 대한 원망과 두려움 때문이었습니다. 저의 아버지는 알코올 중독으로 가족에게 폭력을 행사하는 분이었습니다. 하지만 하나님의 사랑을 알게 된 후 저는 하나님을 아버지라고 부르고 고백하게 되었습니다. 그리고 나도 좋은 아버지가 되겠다고 다짐했습니다.

요즘 우리나라에 하나님을 어머니라 부르는 '하나님의 교회'라는 이단/사이비 종파가 있습니다. 하나님을 어머니라 부를 수 있지만 특정 사람을 하나님이라 부를 수 없습니다. 교묘한 말로 속임을 주의하기를 바랍니다. 하나님을 '아버지'라고 말하는 것은 성경시대의 남성중심적 문화가 반영된 것으로 '아버지'라는 인격적 표현을 통해 하나님이 사람과 만물을 보호하고 함께한다는 의미를 담고 있습니다.

시편을 보면, 여러 곳에서 하나님을 아버지라고 고백합니다.

> 그의 거룩한 처소에 계신 하나님은 고아의 아버지시며 과부의 재판장이시라 (시편 68:5)

> 그가 내게 부르기를 주는 나의 아버지시요 나의 하나님이시요 나의 구원의 바위시라 하리로다 (시편 89:26)

> 아버지가 자식을 긍휼히 여김 같이 여호와께서는 자기를 경외하는 자를 긍휼히 여기시나니 (시편 103:13)

마찬가지로 선지서도 하나님을 만물의 아버지, 모든 나라의 아버지, 이스라엘의 아버지 그리고 자신의 아버지라고 고백합니다.

> 아들은 그 아버지를 좋은 그 주인을 공경하나니 내가 아버지
> 일진대 나를 공경함이 어디 있느냐 (말라기 1:6)

신약성경의 복음서에는 제자들이 예수님에게 기도를 가르쳐 달라는 요청이 있습니다. 당시 유대교에서는 기도문이 여럿 있어서 특정 시간과 요일에 따라 기도했습니다. 제자들도 유대교가 정해진 기도문에 따라 기도하듯이 기도를 가르쳐 달라 요청한 것입니다. 이에 예수님이 가르쳐준 기도가 주기도문입니다. 기도의 첫 문장은 기도의 대상입니다. 예수님이 가르쳐준 기도의 대상은 "우리 아버지"입니다. 하나님을 전능한 분이고 창조주로만 경배하던 시대에 하나님을 아버지로 부른 것은 놀라운 고백입니다. 또 신분, 성별, 인종 등으로 하나님을 믿을 수 있는 사람과 믿을 수 없는 사람을 구분하던 시

대에 "우리 아버지"라고 부르는 것은 파격적인 가르침입니다.

> 그러므로 너희는 이렇게 기도하라 하늘에 계신 우리 아버지여 이름이 거룩히 여김을 받으시오며 (마태복음 6:9)

또한 로마서에서 하나님의 영의 인도함을 받는 사람은 모두 하나님의 아들이라 고백합니다. 이것은 '종의 영', 즉 종으로 만드는 영인 사단의 지배 아래 있던 사람이 '양자의 영'을 받아 하나님의 자녀가 되었기 때문입니다. 이제는 하나님을 아버지라고 부를 수 있습니다.

> 너희는 다시 무서워하는 종의 영을 받지 아니하고 양자의 영을 받았으므로 우리가 아빠 아버지라고 부르짖느니라 (로마서 8:15)

유일신(唯一神)인 하나님

'신'(神)에 대한 이해를 '신론'(神論, theology)이라고 합니다. 신(神, theos)과 로고스(理性, logos)가 합쳐진 말로, 신에 대한 연구를 뜻합니다. 신론에는 여러 주장과 믿음이 있습니다. 이를 세세히 분류하자면 종류와 범주가 매우 넓습니다. 일반적이고 대표적인 것만 아래와 같이 정리할 수 있습니다.

범신론 <- 범재신론 <- 다신론 <- **유신론** -> 이신론 -> 불가지론 -> 무신론

유신론(theism)을 기준으로 살펴보자면, 유신론은 신이 존재한다는 입장입니다. 유신론의 왼쪽은 여러 신이 존재한다는 **다신론**(polytheism)이 있습니다. 그리고 **범재신론**(panentheism)은 모든 것이 신 안에 있다는 이론입니다. 영화

<아바타>에 나오는 생명나무인 에이와(eywa)는 판도라 행성의 모든 생명체를 다스리고 그 안의 모든 생명체와 연결되어 있습니다. 모든 만물이 결국 신의 일부라는 것입니다. 가장 왼쪽에 **범신론**(pantheism)은 모든 것이 신이라는 것입니다. 이 세상에 존재하는 태양, 달, 돌, 나무, 바람, 동물, 사람 등 모든 것이 각각 신이 될 수 있다고 믿습니다.

유신론의 오른쪽에 **이신론**(deism)이 있습니다. 한자로는 '理神論'인데 '이'(理)는 이치, 다스림 등의 뜻으로 신이 세상을 완전하게 창조했기에 스스로 바른 것을 찾아갈 수 있다고 합니다. 이신론의 신은 사람에게 따를 규범을 주고 그 규범을 이룬 사람만 구원한다 믿습니다. **불가지론**(agnosticism)은 신이 있는지 없는지 알 수 없다는 주장입니다. 오른쪽 마지막에 **무신론**(atheism)은 신이 없다는 것입니다. 표에는 없지만 요즘에는 신에 대한 믿음에 저항하는 **반신론**(antitheism)도 등장했습니다.

그런데 성경은 유신론에서 한 걸음 더 나가 '**유일신론**'(monotheism)을 주장합니다. 하나님만이 신이라는 의미입니다. 하나님만이 신이라는 주장은 하나님이 가장 첫 번째로 존재한 신이라거나, 여러 신 중에 가장 전능한 신이라는 '최고신론'(henotheism)이 아닙니다. 성경은 하나님만이 신이라고 선언하며 다른 것은 '우상'(偶像), 즉 신이 아니라고 주장합니다. 우상은 "거짓된 형상"이란 뜻으로 신이 아닌 것을 사람의 탐심과 욕망을 위해 신으로 만든 것입니다.

성경에서 하나님은 자신의 백성, 또는 믿는 사람에게 자신을 따를 법을 줍니다. 이것을 '율법'이라고 합니다. 십계명은 율법 내용의 서문이며 동시에 많은 율법을 요약한 명령입니다. 십계명의 1계명은 "나 외에 다른 신을 두지 말라"고 합니다. 그런데 이때 "다른 신들"이란 표현 때문에 하나님 외에 다른 신의 존재를 인정하는 듯한 오해가 생깁니다.

너는 나 외에는 다른 신들을 네게 두지 말라 (출애굽기 20:3)

그래서 이어지는 2계명이 이런 오해를 바로 잡아 줍니다. 다른 신이라고 생각하는 어떤 것들은 "너를 위하여" 만든 '우상'(거짓 형상)이니 그 어떤 형상도 만들지 말라고 합니다. 이때 만들지 말라는 형상에는 하나님 자신의 형상도 포함됩니다. 하나님은 어떤 형상이 아니라 영인데 하나님이라면서 어떤 형상을 만든다면 이는 하나님이 아니라 만든 자들의 자기 바람과 탐욕일 뿐입니다. 그러니 하나님도 또 신이라고 칭하는 어떤 형상도 만들면 안 됩니다.

> 너를 위하여 새긴 우상을 만들지 말고 또 위로 하늘에 있는 것이나 아래로 땅에 있는 것이나 땅 아래 물 속에 있는 것의 어떤 형상도 만들지 말라 (출애굽기 20:4)

또한 이사야서에는 하나님 외에 다른 신이 없음을 밝히며, 사람이 자신을 위해 만드는 모든 것이 허망하고 무익한 것이라고 합니다. 이처럼 우상은 자기가 자기를 위해 만든 것으로 자기를 위한 목적을 가지고 믿는 것이기 때문에 신이 될 수도 없

고 신이라 할 수도 없습니다. 자기 자신과 자기 탐욕이 신이 된 것입니다

> 이스라엘의 왕인 여호와, 이스라엘의 구원자인 만군의 여호와가 이같이 말하노라 나는 처음이요 나는 마지막이라 나 외에 다른 신이 없느니라 (이사야 44:6)

> 우상을 만드는 자는 다 허망하도다 그들이 원하는 것들은 무익한 것이거늘 그것들의 증인들은 보지도 못하며 알지도 못하니 그러므로 수치를 당하리라 (이사야 44:9)

> 그 나머지로 신상 곧 자기의 우상을 만들고 그 앞에 엎드려 경배하며 그것에게 기도하여 이르기를 너는 나의 신이니 나를 구원하라 하는도다 (이사야 44:17)

우리도 마찬가지입니다. 특별히 구체적으로 신을 믿지 않는다고 하더라도 일상의 삶 속에서 이런저런 징크스로 불안해

하거나 우연을 통한 행운을 막연히 바라기도 합니다. 빨간색으로 이름을 쓰면 재수가 없다거나 특정한 색깔의 옷이나 이모티콘을 착용하거나 특정한 행동을 반복하는 것이 행운이나 불행을 가져다준다고 믿기도 합니다. 처음에는 작은 불안이나 웃음으로 시작하지만 어느 순간 믿음의 대상이 되어 신처럼 숭배됩니다. 성경은 이런 모든 것이 나의 탐심과 욕심으로 만든 헛된 것이고 우상일 뿐이며 하나님만이 유일한 신이라고 말하고 있습니다.

독립성과 역사성 그리고 관계성

    출애굽기에는 하나님이 자신을 모세에게 소개하는 장면이 있습니다. 하나님은 광야로 도망친 모세를 찾아가십니다. 그리고 모세에게 다시 이집트로 돌아가 이스라엘 백성을 데리고 나오라고 명령하십니다. 이때 모세는 하나님에게 백성에게 가서 자신을 누가 보냈다고 하느냐고 묻습니다. 이집트 왕자로 살다가 이집트인과 이스라엘인까지 죽이고 광야로 도망친 지 40년이 지났습니다. 그런 자신이 이스라엘 백성에게 이집트에서 벗어나게 해주겠다고 한다면 사람들이 믿지 않을 것이고, 또 보낸 신이 누구냐고 묻지 않겠냐는 당연한 항변입니다.

    하나님은 모세에게 자신은 "스스로 있는 자"며 스스로 있는 자가 보냈다고 하라고 합니다(출애굽기 3:14). 이때 '스스로 있는 자'는 히브리어로 '에흐에 아쉐르 에흐에'(אהיה אשר אהיה)이고 영어로는 'I am who I am'로 우리말로는 "나는 나다"입니다. 하나님은 여기에 추가적으로 "나는 너희 조상의 하나님 여호와 곧 아브라함의 하나님, 이삭의 하나님, 야곱의 하나님"이라고 덧붙입니다.

> 하나님이 모세에게 이르시되 나는 스스로 있는 자이니라 또 이르시되 너는 이스라엘 자손에게 이같이 이르기를 스스로 있는 자가 나를 너희에게 보내셨다 하라 하나님이 또 모세에게 이르시되 너는 이스라엘 자손에게 이같이 이르기를 너희 조상의 하나님 여호와 곧 아브라함의 하나님, 이삭의 하나님, 야곱의 하나님께서 나를 너희에게 보내셨다 하라 이는 나의 영원한 이름이요 대대로 기억할 나의 칭호니라 (출애굽기 3:14-15)

하나님이 모세에게 자신을 소개한 두 가지 답변에는 하나님이 어떤 분인지를 알려주는 '속성'(屬性, attributes)이 있습니다. 속성은 어떤 사물의 특징이나 성질을 뜻하는 말로 그 존재가 무엇이고 어떤 것인가를 알려줍니다. 하나님을 알기 위해서는 하나님의 본질적이고 고유한 특성을 알아야 합니다. 우리는 하나님이 자신을 소개한 내용을 토대로 하나님의 대표적인 속성을 알 수 있습니다.

첫째, **독립성**입니다. "스스로 있는 자"라는 표현은 홀로 존재하며 가장 먼저 존재했다는 의미입니다. 하나님은 세상이 있기 전부터 독립적으로 존재했습니다. 하나님은 무엇에 의해서나 누군가에 의해 만들어지지 않았습니다. 하나님은 스스로 존재했기에 세상 모든 피조물을 창조한 분입니다.

둘째, **역사성**입니다. "스스로 있는 자"라는 말은 스스로 존재하며 움직인다는 의미를 담고 있습니다. 세상에 모든 만물은 움직입니다. 공간을 움직이는 것을 운동이라 하고, 시간을 움직이는 것을 역사라고 합니다. 그런데 모든 움직임에는 움직이게 하는 힘이 작용합니다. 자신은 움직이지 않거나 스스로 움직이면서 공간과 시간을 움직이는 힘이 하나님입니다. 하나님은 세상의 시작부터 마지막까지 모든 역사를 움직입니다.

셋째, **관계성**입니다. 하나님은 자신이 창조한 피조물과 시간적으로 또 공간적으로 관계하고 개입합니다. 하나님은 기뻐하고 즐거워하며, 후회하고 슬퍼하기도 하고, 참고 기다리기도 하며, 질투하고 분노하기도 합니다. 모세에게 하나님이 자신을 "아브라함의 하나님, 이삭의 하나님, 야곱의 하나님"이라고 소개한 것은 아브라함, 이삭, 야곱의 삶에 함께하고 보호하고 인도하시는 분이라는 하나님의 관계성을 보여줍니다.

정의와 사랑의 하나님

성경에는 히브리어 헤세드(חסד, hessed)와 샬롬(שלום, shalom)이라는 단어가 많이 등장합니다. 이 말들은 일관되게 하나님의 특성과 바람을 보여줍니다. 먼저 헤세드는 은혜, 자비, 긍휼 등으로 번역하지만 궁극적으로 하나님의 사랑을 의미합니다. 샬롬은 평강, 평안 등으로 하나님께서 주시는 평화를 의미합니다.

그리고 가장 많이 사용된 단어 중에 미쉬파트(משפט, equity)와 쩨다카(צדקה, justice)라는 용어가 있습니다. 미쉬파트는 재판과 관련한 말로 '공평'을 의미합니다. 쩨다카는 '정의'를 뜻하는데 특별히 약자를 편드는 정의입니다. 미쉬파트와 쩨다크를 합해 성경은 '공의'(공평과 정의)라는 말로 표기할 때가 많습니다.

이처럼 하나님의 사랑과 평화, 공평과 정의는 성경에 나타난 하나님의 임재와 다스리심을 나타내는 말입니다. 이렇게 하나님이 임재하고 다스리시는 '것' 또는 '곳'이 하나님의 나라입니다. 하나님의 나라는 궁극적으로 샬롬(평화)이 이루어지는 곳입니다. 그 방법은 헤세드(사랑)입니다. 그리고 헤세드는 미쉬파트(공평)와 쩨다크(정의)로 실현됩니다.

신명기에서 모세는 죽음을 앞두고 이스라엘 백성에게 유언과 같은 당부의 말씀을 남깁니다. 그리고 이를 잊지 않도록 노래로 부르라 부탁합니다. 이스라엘 백성이 잊지 말아야 하는 핵심에는 공평과 정의의 하나님에 대한 고백이 있습니다.

> 그는 반석이시니 그가 하신 일이 완전하고 그의 모든 길이 정의롭고 진실하고 거짓이 없으신 하나님이시니 공의로우시고 바르시도다 (신명기 32:4)

선지자 이사야가 바라고 기다린 하나님도 공의의 하나님이었습니다. 하나님은 공의를 사랑하며 불의를 미워하십니다. 하나님은 불의한 자들을 심판으로 갚아 주시는 분입니다.

> 여호와는 정의의 하나님이심이라 그를 기다리는 자마다 복이 있도다 (이사야 30:18下)

> 무릇 나 여호와는 정의를 사랑하며 불의의 강탈을 미워하여 성실히 그들에게 갚아 주고 그들과 영원한 언약을 맺을 것이라 (이사야 61:8)

시편의 많은 간구와 찬양도 공평하고 정의로운 하나님에 대해 말합니다.

> 여호와께서 다스리시나니 땅은 즐거워하며 허다한 섬은 기뻐할지어다 구름과 흑암이 그를 둘렀고 의와 공평이 그의 보좌의 기초로다 (시편 97:1~2)

성경이 보여주는 하나님은 공평하고 정의로운 분입니다. 전능한 하나님이 세상을 창조하고 사람과 만물의 아버지가 되었습니다. 그분은 시간과 공간을 공평과 정의로 다스리며 평화를 이루어가는 사랑의 하나님입니다.

> 여호와라 자비롭고 은혜롭고 노하기를 더디하고 인자와 진실이 많은 하나님이라 (출애굽기 34:6下)

> 내 평생에 선하심과 인자하심이 반드시 나를 따르리 내가 여호와의 집에 영원히 살리로다 (시편 23:6)

사도 요한은 요한일서에서 사랑은 하나님께 속한 것이고 하나님은 사랑이라고 선포합니다.

> 사랑하는 자들아 우리가 서로 사랑하자 사랑은 하나님께 속한 것이니 사랑하는 자마다 하나님으로부터 나서 하나님을 알고 사랑하지 아니하는 자는 하나님을 알지 못하나니 이는

하나님은 사랑이심이라 (요한1서 4:7-8)

하나님은 전능한 분이시고 창조자이며 아버지입니다. 하나님은 여러 신 중에 하나의 신이 아니라 오직 유일한 분입니다. 그는 스스로 존재하며 만물을 창조했으며 시간과 공간에 제한받지 않습니다. 또한 자신이 창조한 피조물과 사랑으로 관계합니다. 그의 사랑은 끝이 없고 그의 평화는 완전합니다. 하나님에게 온전한 공평과 정의가 있습니다. 이 분이 기독교가 믿고 성경이 소개하고 있는 바로 그 '하나님'입니다!

[부록]

하나님은 존재하는가?

우리는 하나님은 누구인가에 대해 살펴봤습니다. 하나님은 전능자, 창조주, 아버지이며, 유일신이고, 사랑과 정의의 하나님이라고 했습니다. 그런데 이런 주장은 '신', 즉 하나님이 존재한다는 것을 전제로 합니다. 따라서 하나님은 존재하는가? 라는 물음에 우리는 먼저 답을 내려야 합니다.

성경도 "믿음이 없이는 하나님을 기쁘시게 못 하는데 하나님을 기쁘시게 하기 위해 하나님께 나아가는 자는 반드시 그가 계신 것을 믿어야 하고, 그가 자기를 찾는 자들에게 상 주시는 자라는 것을 믿어야 한다"라고 말하고 있습니다(히브리서 11:6). 다시 말해, 하나님이 존재한다는 믿음이 없이는 하나님과의 관계가 회복될 수 없다는 것입니다. 어찌 보면 당연한 말입니다. 하나님이 없다고 생각하고 믿지도 않는데 어찌 회복될 것이 있겠습니까?

문제는 하나님은 눈에 보이지 않고 어떤 경우는 숨어 있다는 것처럼 느껴진다는 것입니다(이사야 45:15). 하나님은 에덴동산에서도 그렇지만 언제나 사람의 인격적 결정과 독립적 선택을 존중하십니다. 그래서 스스로 죄를 선택하는 사람들을 안타까워하고, 하나님을 찾고 찾는 자들을 만나 주십니다(예레미야 29:11-13). 하나님은 우주 만물을 창조하실 때 자신이 창조한 자연과 사람 안에 자신의 형상을 숨겨두었습니다. 사실 숨겨두었다기보다는 모든 창조물의 생명이 생명의 근원인 하나님으로부터 시작된 것이기에 자연스럽게 스며있다고 하는 것이 맞을 것입니다.

또한 사람은 이를 더듬어 하나님의 존재를 알 수 있습니다(사도행전 17:27). 이를 '종교심'이라고 하는데, 종교개혁자인 칼빈은 "종교의 씨앗"이라고 했습니다(사도행전 17:22). 역사가 토인비는 그의 책에서 고대와 현재, 문명적 국가나 비문명적 국가, 동서고금을 돌아볼 때 법과 제도, 왕, 문명은 없는 곳이 있어도 신이 없는 곳이나 그런 역사는 단 한 곳도 없다고 이야기했습니다.

사람이 신을 찾는 이유는 죽음 때문이기도 합니다. 영원히 함께 살 것 같은 가족의 죽음 앞에서, 또 영원히 살고픈 자신이 어느 순간 죽음을 맞이하는 현실 속에서 죽음 이후에 어떻게 되는가?에 대한 의문이 생깁니다. 이런 의문은 결국 사람은 어디서 와서 어디로 가는가?에 대한 의문으로 확산해 궁극적 존재, 신적 존재에 대한 의문으로 발전하게 됩니다. 이처럼 사람은 하나님의 피조물이기 때문에 본능적으로 하나님을 찾고 찾습니다.

철학자들의 신 존재 증명

철학은 궁극적 존재와 근원에 대해 질문하고 대답을 시도합니다. 철학자들은 다양한 이론으로 신에 대한 존재 증명을 시도했습니다. 물론 '신'이란 용어를 직접 쓰지는 않습니다. 철학자들이 사용하는 용어는 모든 것의 첫 번째 원인이라는 의미의 '제1원인', 모든 것의 첫 시작이라는 뜻의 '제1자', 사람의 이성에 빛을 비추는 어떤 존재인 '이데아', 자신은 움직이지 않으면서 모든 것을 움직이는 것이라는 의미인 '무동자의 동자' 등으로 사용하고 있습니다. 이런 궁극적 존재와 근원에 관한 질문과 대답을 "신 존재 증명"이라 부릅니다.

이에 대해 가장 뛰어난 철학자는 아리스토텔레스입니다. 아리스토텔레스는 존재를 존재하게 하는 근본적 원인이 4가지 있다고 했습니다. 이를 '4원인'이라고 하고, 질료원인, 형상원인, 운동원인, 목적원인이 여기에 해당합니다.

질료원인은 세상에 물질이 있는 것을 보니 그 물질이 있게 하는 근원적인 물질로, 질료가 있는데 이것이 가장 근원적인 존재라는 것입니다. 형상원인도 비슷합니다. 세상에 여러 형상이 있는 것은 그 형상이 있도록 한 원인이 되는 물질이 존재가 있다는 것입니다. 목적원인은 모든 물질은 쓰임에 목적이 있는데 목적이 있다는 것은 목적을 가지고 만든 누군가가 있다는 말입니다.

그런데 운동원인은 재미있습니다. 무엇이 움직이는 것은 움직이도록 힘을 가하는 무언가가 있기 때문일 것입니다. 누군가 볼펜을 던졌습니다. 볼펜이 움직입니다. 볼펜은 스스로 움직인 것이 아니라 '누군가' 힘을 가한 것입니다. 그것이 힘의 근원입니다. 지구도, 우주도, 모든 물체도 사실 눈에 안 보이지만 움직입니다. 그러므로 움직이게 하는 무언가가 있는데 그것이 근원적 존재가 됩니다. 이를 "무동자의 동자", 즉 자신은 움직이지 않으면서 다른 것을 움직이게 하는 것이라 합니다. 이렇게 질량원인, 형상원인, 운동원인, 목적원인은 각각 근원과 궁극적 존재를 찾는 것입니다.

아리스토델레스 뿐 아니라 다양한 철학자들이 신 존재 증명을 했는데 내용은 비슷비슷합니다. 정리하자면 첫째, 본체론적 논증이 있습니다. 모든 사물이 완전한 것 같지만 어딘가 부족한 것이 있다는 것입니다. 그러므로 완전한 것이 어딘가에 있을 것인데 그것이 곧 완전한 본체, 즉 완전한 누군가 혹은 어떤 것이라는 것입니다. 둘째, 우주론적 논증이 있습니다. 인과론적 논증이라고도 하는데 원인이 있기 때문에 결과가 있다는 것입니다. 우주 만물이 있는 것을 보니 그것을 있게 한 무언가가 있다는 것입니다.

셋째는 목적론적 논증입니다. 아리스토델레스의 목적원인과 같은 내용입니다. 모든 사물은 목적이 있고 그렇기 때문에 목적을 가지고 만든 누군가가 있다는 것입니다. 넷째는 역사론적 논증입니다. 토인비의 이야기처럼 역사상 신이 없던 적이 없다는 것에서 신이 있다는 것을 역사가 증명한다는 것입니다. 다섯째는 도덕론적 논증입니다. 이는 본체론적 논증과 비슷합니다. 사람은 도덕적인데 그 도덕이라는 것이 불완전하기에 그러니 완전한 도덕의 기준이 있을 것이고, 그 완전한 도덕을 제정한 누군가가 있으리라는 것입니다.

그런데 우리는 그 근원과 궁극적 존재를 신, 즉 하나님으로 여깁니다. 이미 위에서 살펴본 대로 하나님은 출애굽기에서 자신을 '스스로 있는 자'라고 했습니다. 이 뜻을 설명하면서 저는 "스스로 존재하는 자"라고 했고 또 "움직이는 자"라고 했습니다. 스스로 존재하는 자는 철학자들의 표현으로 하면 '제1원인'이라고 할 수 있고, 움직이는 자는 '제1자'나 '무동자의 동자'라고 할 수 있겠습니다.

종교! 자연종교와 계시종교

어떻습니까? 이렇게 설명을 듣고 나니 아하 신이 존재하는구나 동의가 됩니까? 어떤 분은 동의가 되고 어떤 분은 여전히 고개를 갸우뚱할 것입니다. 그러나 신이 존재하는 것을 인정하더라도 여전히 어려운 것은 그 신이 우리가 믿는 지금까지 이야기한 '그 하나님'이냐는 것은 여전히 의문으로 남습니다. 그래서 성경도 자연 만물을 통해 더듬어 알 수는 있지만 완전히 알거나 만날 수는 없다고 말씀하시는 것입니다(사도행전 17:22,23,27).

철학에서 신을 찾는 것은 한계가 있습니다. 비유하자면 "산 너머는 무엇이 있을까?"라고 질문하는 사람에게 "산 너머에는 무언가 있을 것이다"고 대답하는 정도입니다. 사실 산까지 가보면 그 너머에 또 산이 있습니다. 그래서 '산 너머에 무엇이 있는가?'라는 궁극적 질문에 대답하는 것이 신학이고 신앙입니다. 이를 종교라고 합니다.

종교에는 '자연종교'와 '계시종교'가 있습니다. 자연종교는 자연 만물을 통해 신을 만나는 것입니다. 자연 속에 신이 있고, 자연이 신입니다. 그래서 궁극적으로 모든 것이 근원일 수 있고 모든 것이 신일 수 있습니다. 일종의 '범신론'입니다. 구약성경의 배경이 되는 고대 근동도 그렇고 신약성경이 배경이 되는 그리스-로마시대도 모두 범신론입니다. 우리나라를 포함한 동양도 범신론은 보편적 신앙입니다. 모든 동물, 식물, 사물이 신이고 신이 될 수 있습니다. 사람이 사색을 통해, 고난을 통해, 선을 통해 신이 되기도 하고 신을 만나기도 합니다.

반면, '계시종교'는 신이 사람을 만나는 것입니다. 자연 만물의 모든 것은 신이 아니라 피조물입니다. 사람은 신의 존재를 느낄 수도 인식할 수도 있지만 만날 수 없습니다. 신이 사람에게 자신을 보여주시는 것 그것이 계시이고 그렇게 믿는 것이 계시종교입니다.

성경은 말합니다. 사람은 하나님을 더듬어 알 수 있지만 만날 수 없기 때문에 하나님께서 사람에게 하나님을 알려주시고, 만나주셨다고 합니다. 하나님이 '계시'해 주셨다는 것입니다. 계시(啓示)는 열어서 알려주었다는 뜻으로 하나님이 자신을 열어서 알려주셨다는 것입니다.

신학에서 일반적인 계시는 자연 만물을 통해 어렴풋이 하나님을 알게 하신 것을 의미하고, 특별한 계시는 특별한 방법으로 하나님이 자신을 알게 하신 것을 의미하는데 특별한 방법은 성경과 예수님, 성령님을 통해 알게 한 것을 의미합니다. 하나님은 성경에 자신이 누구인지 기록함으로 하나님의 존재를 알 수 있도록 했습니다. 또한 예수님을 통해 하나님이 누구인지 알게 합니다. 이 또한 성경에 기록을 통해 알고 전해집니다. 성령은 우리로 자연과 성경에서 하나님을 알고 깨닫고 따르도록 우리를 인도합니다. 우리는 자연 만물을 통해 하나님의 존재를 어렴풋이 이해하고, 성경을 통해 그분이 어떤 분인가 분명히 알게 되는 것입니다.

2장 예수님은 누구인가?

2장 예수님은 누구인가?

　당신은 예수님에 대해 알고 있나요? 누군가는 예수님을 허구의 인물로 생각하기도 하고, 많은 사람은 4대 성인 중 한 사람으로 배웠습니다. 당신은 예수님을 누구라고 생각하나요? 기독교(基督敎)는 '기독', 즉 '그리스도'를 믿는 종교입니다. 그리스도는 '메시아'를 뜻하는 헬라어입니다. '예수 그리스도'라는 말은 "구원자 예수"라는 말입니다. 기독교는 예수님을 구원자로 믿는 종교입니다. 예수님이 누구기에 그를 구원자로 믿을까요? 이에 대해 생각해 보겠습니다.

　구약성경 시대 이집트는 농경문화가 일찍 발달된 사회로

농사를 짓는데 꼭 필요한 태양, 물, 소 등을 신으로 섬겼습니다. 그리고 이집트 왕 '파라오'를 태양의 아들이라 칭하며 신의 아들로 신격화했습니다.

신약성경 시대 이스라엘을 지배한 로마 제국도 초대 황제 옥타비아누스를 존엄한 자, 신성한 자라는 뜻의 '아우구스투스'(Augustus)라고 부르며 신적인 존재로 추앙했습니다. 이후 로마는 황제를 신의 아들로 여기며 신격화했습니다.

성경의 배경이 되는 이집트나 로마의 통치자는 신의 아들로 불리웠으며 이는 곧 자신이 신이라는 의미를 지닙니다. 또한 로마 시대는 황제에 대해 신의 아들 외에도 전능자, 주님, 구원자, 복음 등으로 승격하여 부르기 시작합니다. 그런데 성경을 읽어보면 이런 단어들이 예수님에게 사용된 것을 볼 수 있습니다. 당시 황제에게 사용했던 용어를 예수님에게 사용함으로써 참된 하나님과 구원자이신 예수님을 선포하고 있는 것입니다.

예수님은 하나님입니다

창세기는 태초에 하나님이 천지를 창조했다고 기록되어 있습니다(창세기 1:1). 그런데 요한복음에 보면 그 태초에 예수님도 하나님과 함께 존재했으며, 하나님과 함께 예수님이 모든 세계를 창조하셨다고 말합니다.

> 그가 태초에 하나님과 함께 계셨고 만물이 그로 말미암아 지은 바 되었으니 지은 것이 하나도 그가 없이는 된 것이 없느니라 (요한복음 1:2,3)

유대인 종교 지도자들은 예수님이 하나님을 모독하고 권위를 무시한다고 여겼습니다. 그래서 종교 지도자들은 예수님을 배척할 뿐 아니라 기회가 되면 죽이려 했습니다. 그들은 예수님이 전하는 말과 행위의 근거가 어디서 온 것인가 따져 물었습니다. 이에 예수님의 대답은 매우 충격적이었습니다.

> 나와 아버지는 하나이니라 하신대 (요한복음 10:30)

예수님은 하나님을 아버지라 부르며 자신을 하나님의 아들이라고 했습니다. 황제가 자신을 신의 아들이라 여기며 자신을 신처럼 여겼던 것처럼, 당시 문화에서 예수님의 이 말씀은 자신이 하나님이라는 뜻으로 사람들에게 받아들여졌습니다. 더구나 하나님을 보여 달라는 제자들에게 자신을 믿는 것이 하나님을 믿는 것이고, 자신을 보는 것이 하나님을 보는 것이라고 합니다.

> 예수께서 외쳐 이르시되 나를 믿는 자는 나를 믿는 것이 아니요 나를 보내신 이를 믿는 것이며 나를 보는 자는 나를 보내신 이를 보는 것이니라 (요한복음 12:44,45)

어떻게 이런 대답이 가능할까요? 예수님은 하나님이시기 때문에 그렇습니다. 성경을 읽다 보면 많은 사람들이 예수님을 하나님으로 고백하는 것을 볼 수 있습니다. 그중에서 로마 군인 백부장의 고백은 그가 빌라도 총독의 명을 따라 예수님을 고문하고 조롱하고 십자가에 못 박은 당사자라는 점에서 누구보다 신뢰할 수 있습니다.

> 예수를 향하여 섰던 백부장이 그렇게 숨지심을 보고 이르되 이 사람은 진실로 하나님의 아들이었도다 하더라 (마가복음 15:39)

또한 예수님은 거라사 지역 어느 무덤가에 버려져 있던 사람을 찾아갑니다. 그러자 그 사람에게 들어가 있던 귀신이 예수님을 알아보고 소리를 지르기 시작합니다. 놀랍게도 귀신은 예수님을 지극히 높으신 하나님의 아들이라 고백하고 있습니다.

> 예수를 보고 부르짖으며 그 앞에 엎드려 큰 소리로 불러 이르되 지극히 높으신 하나님의 아들 예수여 당신이 나와 무슨 상관이 있나이까 당신께 구하노니 나를 괴롭게 하지 마옵소서 (누가복음 8:28)

7개의 '에고 에이미'

신약성경 요한복음에서 예수님은 자신을 소개하며 헬라어 '에고 에이미'(ἐγώ εἰμι)를 여러번 사용합니다. 이 말은 구약성경 출애굽기에서 하나님이 모세에게 자신을 소개했던 말 '스스로 있는 자'(에흐에 아쉐르 에흐에, היהא רשׁא היהא)를 헬라어로 번역한 말입니다. '에고 에이미'는 "나는 ~이다"(I am that I am)라는 뜻입니다. 에고 에이미를 통해 예수님이 모세에게 나타나고 이스라엘 백성을 인도한 바로 그 하나님이라고 밝히고 있는 것입니다. 요한복음에 기록된 대표적인 7개의 에고 에이미를 통해 예수님이 누군가 생각해 봅니다.

첫째, 나는 생명의 떡이다. 예수님은 자신을 생명의 떡이라 소개합니다. 예수님은 생명을 주는 자로서 자신을 믿으면 영원히 배고프거나 목마르지 않을 것이라고 말합니다. 예수님은 생명의 떡이고 생명의 물입니다.

예수께서 이르시되 나는 생명의 떡이니 내게 오는 자는 결코 주리지 아니할 터이요 나를 믿는 자는 영원히 목마르지 아니하리라 (요한복음 6:35)

둘째, 나는 세상의 빛이다. 예수님은 자신이 빛이라고 합니다. 창세기에서 하나님은 세상을 창조하며 빛이 있으라 했다고 합니다.(창세기 1:3). 하나님은 빛을 만든 분이며 빛은 하나님으로부터 시작되었습니다. 마찬가지로 예수님도 세상의 빛이고 생명의 빛입니다.

예수께서 또 말씀하여 이르시되 나는 세상의 빛이니 나를 따르는 자는 어둠에 다니지 아니하고 생명의 빛을 얻으리라 (요한복음 8:12)

셋째, 나는 양의 문이다. 구약성경 에스겔에 보면, 하나님은 목자이기에 양인 이스라엘 백성을 보호하고 지킨다고 합니다(에스겔 34:11-16). 예수님도 하나님과 같이 자신도 양을 지키는 생명과 구원의 문이라고 합니다. 예수님이 양의 문입니다.

> ... 나는 양의 문이라 ... 내가 문이니 누구든지 나로 말미암아 들어가면 구원을 받고 또는 들어가며 나오며 꼴을 얻으리라 (요한복음 10:7,9)

넷째, 나는 선한 목자다. 예수님은 선한 목자입니다. 선한 목자는 삯꾼이 아닙니다. 삯꾼은 돈을 받고 양을 보살핍니다. 하지만 이익이 안 되거나 위험하면 양을 버리고 팔아 버립니다. 하지만 예수님은 오히려 자기 목숨을 주면서까지 양을 보호하고 살리는 선한 목자입니다.

> 나는 선한 목자라 선한 목자는 양들을 위하여 목숨을 버리거니와 (요한복음 10:11)

다섯째, 나는 부활이고 생명이다. 예수님이 사랑했던 나사로가 죽었을 때 일입니다. 나사로의 동생 마르다와 마리아가 오빠의 죽음을 슬퍼하며 예수님을 원망했습니다. 이에 예수님은 자신이 생명이고 부활이라며 믿는 자는 죽어도 살고 살아서 믿는 자는 영원히 죽지 않는다고 합니다. 죽은 나사로를 살림으로 이를 증명합니다.

> 예수께서 이르시되 나는 부활이요 생명이니 나를 믿는 자는 죽어도 살겠고 무릇 살아서 나를 믿는 자는 영원히 죽지 아니하리니 이것을 네가 믿느냐 (요한복음 11:25-26)

여섯째, 나는 길과 진리요 생명이다. 누가 자신이 길이고 진리고 생명이라고 소개할 수 있을까요? 그 어떤 종교의 창시자도 자신을 이렇게 소개한 사람은 없습니다. 오직 예수님만이 하나님께로 가는 길이며, 유일한 진리이며, 생명입니다.

> 예수께서 이르시되 내가 곧 길이요 진리요 생명이니 나로 말미암지 않고는 아버지께로 올 자가 없느니라 (요한복음 14:6)

일곱째, 나는 참 포도나무다. 구약성경에는 하나님을 포도밭 농부로, 이스라엘 백성은 포도밭으로 표현한 곳이 여러 군데 있습니다. 예수님은 구약성경을 기억하며 하나님은 농부이고 자신은 포도나무라고 소개합니다. 그리고 예수님을 믿는 사람은 포도나무에 연결된 가지입니다. 가지가 열매를 맺는 방법은 포도나무에 붙어서 영양분을 공급받는 것입니다. 예수님을 믿을 때 구원의 열매는 저절로 맺어집니다.

> 나는 참 포도나무요 내 아버지는 농부라 ... 나는 포도나무요 너희는 가지라 그가 내 안에, 내가 그 안에 거하면 사람이 열매를 많이 맺나니 나를 떠나서는 너희가 아무 것도 할 수 없음이라 (요한복음 15:1, 5)

예수님은 하나님이 자신을 소개한 '스스로 있는 자'(에흐에 아쉐르 에흐에)를 그대로 사용해 7개의 에고 에이미로 자신을 소개했습니다. 생명의 떡, 세상의 빛, 양의 문, 목자, 부활과 생명, 길과 진리, 참 포도나무, 7개의 에고 에이미는 구약성경에서 하나님을 소개한 내용들입니다. 이러한 표현방식을 통하여 요한복음이 가르쳐 주는 것은 예수님이 하나님이라는 것입니다.

예수님은 사람입니다

보편적인 기준으로 사용되는 'BC'와 'AD'는 약어로 예수님의 탄생을 기준으로 나뉩니다. BC는 'Before Christ'의 줄임말로 예수님 탄생 이전을 의미합니다. AD는 라틴어 'Anno Domini'의 줄임말로, 영어로는 'in the year of our Jesus Christ'(예수 그리스도가 태어난 해)라는 뜻입니다.

이 표기는 AD525년 로마 수도원장 디오니사우스 엑시구스(Dionysius Exiguus)가 처음 사용했고 이후 널리 퍼져 전 세계가 가장 보편적으로 사용하는 표기가 되었습니다.

최근에 와서 이 구분이 기독교에 편중됐다며 종교적 색체가 덜한 BCE(Before Common Era, 공동연대 이전)를 BC의 대체어로, CE(Common Era, 현대시대)를 AD를 대체해 표기하기도 합니다.

성경은 예수님이 완전한 하나님이며 동시에 완전한 사람이라고 합니다. 예수님은 사람으로 태어나 사람으로 살았고 사람으로 죽었습니다. 성경은 사람인 예수님의 탄생과 삶, 그리고 죽음에 대한 기록이 있습니다.

특히 누가복음은 이방인 총리 데오빌로에게 예수님을 소개하는 글로 시작합니다. 의사이며 역사가인 '누가'는 예수님 당시 로마 황제 이름, 예수님이 자란 동네 갈릴리가 속한 수리아 총독이 누구였는지, 산모였던 마리아가 왜 베들레헴에 가서 예수님을 낳았는지, 예수님을 어디서 낳았는지 등을 역사적으로 기록합니다.

> 그 때에 가이사 아구스도가 영을 내려 천하로 다 호적하라 하였으니 이 호적은 구레뇨가 수리아 총독이 되었을 때에 처음 한 것이라 모든 사람이 호적하러 각각 고향으로 돌아가매 요셉도 다윗의 집 족속이므로 갈릴리 나사렛 동네에서 유대를 향하여 베들레헴이라 하는 다윗의 동네로 그 약혼한 마리

아와 함께 호적하러 올라가니 마리아가 이미 잉태하였더라 거기 있을 그 때에 해산할 날이 차서 첫아들을 낳아 강보로 싸서 구유에 뉘었으니 이는 여관에 있을 곳이 없음이러라 (누가복음 2:1-7)

로마 초대 황제인 가이사 아구스도(Caesar Augustus)는 본래 이름이 가이우스 옥타비아누스(Gaius Octavianus)입니다. '가이사 아구스도'는 '카이샤르 아우구스투스'로 '카이샤르'는 '시저', 즉 '왕'이란 뜻이고 '아우구스투스'는 존귀한 자라는 뜻으로 존귀한 왕이란 의미로 이름을 바꾼 것입니다.

그는 로마제국의 지배하에 있는 나라들을 파악하고 정확한 세금을 걷기 위해 인구조사를 실시했습니다. 수리아 지역 나사렛에서 살던 요셉과 마리아 부부가 멀리 남쪽 땅 베들레헴에서 아기를 출산한 배경에는 아우구스투스의 호적정리 명령이 있습니다. 임신한 마리아가 요셉과 자신의 고향인 베들레헴에 호적 하러 왔다가 예수를 낳았다고 성경은 말하고 있습니다.

또한 누가는 예수님이 성인이 된 12살에 부모와 함께 유월절을 지키기 위해 예루살렘 성전에 갔다가 성전에서 종교 지도자들과 대화한 이야기를 기록합니다. 그리고 예수님이 사람으로서 지혜와 키가 자라갔다고 합니다.

> 예수는 지혜와 키가 자라가며 하나님과 사람에게 더욱 사랑스러워 가시더라 (누가복음 2:52)

마가복음은 예수님이 목수인 요셉의 아들이며 예수님의 형제 3명의 이름과 최소 2명 이상의 누이들이 있었다고 기록합니다.

> 이 사람이 마리아의 아들 목수가 아니냐 야고보와 요셉과 유다와 시몬의 형제가 아니냐 그 누이들이 우리와 함께 여기 있지 아니하냐 하고 예수를 배척한지라 (마가복음 6:3)

그리고 예수님이 사람이라는 기록은 예수님이 일반 사람

처럼 똑같이 느끼고 표현한 감정에서도 알 수 있습니다. 예수님은 배고픔을 알았고 피곤함도 느꼈습니다.

> 사십 일을 밤낮으로 금식하신 후에 주리신지라 (마태복음 4:2)
>
> 예수께서 길 가시다가 피곤하여 우물 곁에 그대로 앉으시니 (요한복음 4:6中)

또한 나사로가 죽자 예수님은 슬퍼했고 불쌍히 여겼으며 눈물도 흘렸습니다.

> 예수께서 그가 우는 것과 또 함께 온 유대인들이 우는 것을 보시고 심령에 비통히 여기시고 불쌍히 여기사 ... 예수께서 눈물을 흘리시더라 (요한복음 11:33,35)

유대인들은 예수님이 자신을 하나님이라 한다며 하나님을 모독한 것이라 여겼습니다. 유대인 종교 지도자인 대제사장 무리와 바리새인은 예수님이 자신들이 가진 종교적 권위를 무너

뜨리는 것이 불편하고 불안했습니다. 그래서 종교적 전통과 율법을 이용하여 예수님을 함정에 빠지게 했고 급기야 로마 권력을 이용해 십자가에 못 박아 죽였습니다. 또한 예수님은 자신들의 종교적, 정치·경제적 이익을 위해 가난한 사람들을 핍박하는 자들에게 분노했습니다.

> 뱀들아 독사의 새끼들아 너희가 어떻게 지옥의 판결을 피하겠느냐 (마태복음 23:33)

이스라엘이 있는 팔레스타인은 건조한 지역으로 곳곳에 광야와 사막이 있습니다. 그곳에는 뱀이 우리나라에 개가 많은 것처럼 많습니다. "뱀들아 독사의 새끼들아"라는 표현은 우리나라로 하면 "개새끼들아"입니다. 유대인들에게 사탄으로 비유되던 뱀에 빗대어 종교를 이용해 이익을 얻는 자들의 위선을 분노하고 욕한 것입니다.

예수님은 십자가 죽음을 앞두고 겟세마네 언덕에서 밤을

새워 기도했습니다. 예수님도 두려웠고 무서웠습니다. 하나님께 십자가 처형을 막아달라 간구했습니다. 사람으로 이 땅에 온 예수님은 우리와 똑같이 안전과 평화를 구했습니다. 그러나 내 뜻이 아닌 아버지의 뜻이 이루어지기를 바라며 사명을 다했습니다.

> 예수께서 힘쓰고 애써 더욱 간절히 기도하시니 땀이 땅에 떨어지는 핏방울 같이 되더라 (누가복음 22:44)

> 이르시되 아빠 아버지여 아버지께서는 모든 것이 가능하오니 이 잔을 내게서 옮기시옵소서 그러나 나의 원대로 마시옵고 아버지의 원대로 하옵소서 하시고 (마가복음 14:36)

성경은 예수님이 로마 식민지 시대 팔레스타인 지역 유대 땅에서 사람으로 태어나 죽기까지 어린이에서 청년의 시기를 살았다고 기록합니다. 일반 사람과 같이 배고픔과 목마름을 느끼고, 피곤해 잠을 자야 했고, 슬픔에 울기도 했으며, 화를 내고 욕도 했다고 합니다. 그리고 채찍질을 당할 때 아파했고 죽음을 앞두고 두려워했다고 기록합니다. 예수님은 완전한 사람입니다.

예수님은 구원자입니다

히브리어로 '메시아'(משיח)는 "기름 부음을 받은 사람"이란 뜻입니다. 이 단어는 구약시대의 왕, 제사장, 선지자 등의 사람에게 특별한 사역을 위해 하나님이 세웠다는 의미로 기름 부음을 받은 존재라는 것을 가리켰습니다. 그리고 구약성경은 장차 기름 부음을 받은 사람이 민족적 역경과 고난에서 구원과 해방을 가져올 것이라며 300구절 이상 예언하고 있습니다. 헬라어 '그리스도'(Χριστός)는 히브리어 '메시아'를 번역한 말입니다.

히브리어로 '구원자'는 '여호수아' 또는 '호세아'인데 이를 헬라어로 번역한 것이 '예수'(ἰχθύς)입니다. 이스라엘 백성은 신구약 중간기 약 400년을 지내면서 페르시아, 헬라, 셀쥬크스/프톨레미, 로마의 식민 통치를 겪으며 많은 핍박과 고난을 겪었습니다. 그들은 메시아를 바라는 마음에 아기를 낳아

이름을 '예수'(구원자)라고 짓는 집이 많았습니다. 빌라도 총독이 군중들에게 유월절 풍습에 따라 누구를 놓아줄까 물을 때 놓아달라 외친 죄수 '바라바'의 본래 이름도 '바라바 예수'입니다.

'예수 그리스도'는 성과 이름이 아닙니다. 그리스도는 메시아, 즉 구원자라는 의미로 구약성경에서 말한 장차 올 구원자가 예수라는 의미입니다. 구약성경에 예언한 메시아와 관련한 성경 구절 중 약 50개 정도는 신약성경에서 예수님과 관련해 직접적으로 인용됩니다.

메시아 예언은 성경의 첫 책인 창세기에서 부터 시작됩니다. 창세기 3장 15절의 "네 머리"는 사람을 속여 범죄 하게 한 뱀, 즉 사탄을 의미하고, 사탄을 결박할 "여자의 후손"은 마리아의 아들로 온 예수님을 뜻합니다.

여자의 후손은 네 머리를 상하게 할 것이요 너는 그의 발꿈

치를 상하게 할 것이니라 (창세기 3:15下)

예레미야는 메시아가 다윗의 후손으로 올 것이고 지혜로 다스리고 공평과 정의를 행할 것이라고 했습니다. 예언대로 예수님은 다윗의 후손인 요셉과 마리아의 자손으로 태어났습니다.

여호와의 말씀이니라 보라 때가 이르리니 내가 다윗에게 한 의로운 가지를 일으킬 것이라 그가 왕이 되어 지혜롭게 다스리며 세상에서 정의와 공의를 행할 것이며 (예레미야 23:5)

이사야는 타락한 아하스 왕에게 처녀가 잉태해 아들을 낳을 것인데 그 이름을 '임마누엘', 즉 "하나님이 우리와 함께하신다"라고 할 것이라며 하나님의 심판을 경고합니다. 마태복음은 이 구절을 그대로 가져와 예수님의 탄생이 하나님이 함께하심이라고 선포합니다.

> 보라 처녀가 잉태하여 아들을 낳을 것이요 그의 이름은 임마누엘이라 하리라 하셨으니 이를 번역한즉 하나님이 우리와 함께 계시다 함이라 (마태복음 1:23, 이사야 7:14,)

미가는 베들레헴에서 메시아가 태어날 것을 예고합니다. 예수님은 요셉과 마리아가 고향 베들레헴에 호적 하러 갔다가 낳았습니다.

> 베들레헴 에브라다야 너는 유다 족속 중에 작을지라도 이스라엘을 다스릴 자가 네게서 내게로 나올 것이라 그의 근본은 상고에, 영원에 있느니라 (미가 5:2)

이사야는 북쪽 갈릴리 지역이 수리아 등 이방에 의해 고통받는 것을 빗대어 고통의 땅에 메시아가 임할 것을 예고합니다. 실제로 예수님은 갈릴리 나사렛에서 자랐으며 갈릴리 지역에서 메시아로서 주요 사역을 행했습니다.

> ... 이방의 갈릴리를 영화롭게 하셨느니라 흑암에 행하던 백성이 큰 빛을 보고 사망의 그늘진 땅에 거주하던 자에게 빛이 비치도다 (이사야 9:1-2)

스가랴는 나귀를 타고 예루살렘에 입성하는 메시아를 예고합니다. 마태는 예수님이 감람산 벳바게에서 예루살렘으로 입성할 때 제자들에게 나귀를 가져오라 하신 것을 선지자를 통해 하신 말씀을 이루려 하심이라고 기록합니다. (마태복음 21:2-4).

> ... 그는 공의로우시며 구원을 베푸시며 겸손하여서 나귀를 타시나니 나귀의 작은 것 곧 나귀 새끼니라 (스가랴 9:9)

신명기는 메시아가 나무에 달려 죽을 것이고 죽은 바로 그 날에 장사될 것이라 예고합니다. 그리고 말씀은 그대로 이루어졌습니다.

그 시체를 나무 위에 밤새도록 두지 말고 그 날에 장사하여 ... 땅을 더럽히지 말라 나무에 달린 자는 하나님께 저주를 받았음이니라 (신명기 21:23)

십자가에서 죽고 부활했습니다

십자가 형벌은 BC 6세기 페르시아 제국이 고안한 가장 무겁고 잔인한 사형 방법입니다. 신구약 중간기인 BC 3세기~2세기의 십자가 형벌은 페르시아에서 그리스-로마로 전해졌고, 로마는 십자가를 반역자 처형에 적극적으로 사용했습니다.

대표적으로 헬라 제국의 후예인 셀쥬크스 왕국의 안티오코스 4세 에피파네스는 이집트 프톨레미 왕국 정복에 나섰다가 실패하자 돌아가면서 유대 예루살렘을 황폐하게 했고, 성전에 제우스 신상과 돼지 피를 뿌리며 패악을 저질렀습니다. 이때 저항하는 유대인들 수백 명을 십자가에 처형했습니다.

예수님은 대제사장 무리에 의해 처음에는 하나님을 모독했다는 종교적 죄인으로 심문을 받았지만, 로마 빌라도 총독에게 넘겨져 로마에 대한 정치적 반역죄로 십자가형에 처해 죽임을 당했습니다. 성경은 예수님의 십자가 죽음에 대해 종교적이든 정치적이든 또는 사람적으로든 죄 때문이 아니라 인류를 구원하기 위한 대속적 죽음이라고 소개합니다.

이사야서는 이를 가장 분명하게 기록하고 있습니다.

> 그는 실로 우리의 질고를 지고 우리의 슬픔을 당하였거늘 우리는 생각하기를 그는 징벌을 받아 하나님께 맞으며 고난을 당한다 하였노라 그가 찔림은 우리의 허물 때문이요 그가 상함은 우리의 죄악 때문이라 그가 징계를 받으므로 우리는 평화를 누리고 그가 채찍에 맞으므로 우리는 나음을 받았도다
> (이사야 53:4-5)

베드로도 예수님의 죽음에 대해 우리 죄를 위해 죽으셨고 그 죽음으로 우리가 의에 대해 살게 되었다고 기록합니다.

> 친히 나무에 달려 그 몸으로 우리 죄를 담당하셨으니 이는

우리로 죄에 대하여 죽고 의에 대하여 살게 하려 하심이라

그가 채찍에 맞음으로 너희는 나음을 얻었나니 (베드로전서

2:24)

요한복음과 로마서는 하나님이 예수님을 세상에 보내 죽게 하신 것은 인류와 만물을 향한 하나님의 사랑이며 생명을 회복시키기 위한 은혜라고 설명합니다.

하나님이 세상을 이처럼 사랑하사 독생자를 주셨으니 이는

그를 믿는 자마다 멸망하지 않고 영생을 얻게 하려 하심이라

(요한복음 3:16)

우리가 아직 죄인 되었을 때에 그리스도께서 우리를 위하여

죽으심으로 하나님께서 우리에 대한 자기의 사랑을 확증하셨

느니라 (로마서 5:8)

예수님은 십자가에 죽고 돌무덤에 장사 되었지만 3일 만

에 부활했습니다. 성경은 예수님의 부활이 그가 하나님이시며 구원자임을 증명한다고 고백합니다. 이어 고린도전서는 예수님의 부활이 거짓이라면 우리 믿음이 헛된 것이며 믿는 자가 오히려 가장 불쌍한 자라고 말합니다.

> 그리스도께서 다시 살아나신 일이 없으면 너희의 믿음도 헛되고 너희가 여전히 죄 가운데 있을 것이요 … 만일 그리스도 안에서 우리가 바라는 것이 다만 이 세상의 삶뿐이면 모든 사람 가운데 우리가 더욱 불쌍한 자이리라 (고린도전서 15:17,19)

로마서는 부활이 예수님이 하나님의 아들임을 증명하는 일이라 합니다.

> 성결의 영으로는 죽은 자들 가운데서 부활하사 능력으로 하나님의 아들로 선포되셨으니 곧 우리 주 예수 그리스도시니라 (로마서 1:4)

예수님은 죄인인 우리를 위해 십자가에 죽으셨고 부활하셨습니다. 이제 그를 믿는 모든 사람은 죽음 이후에 부활할 것이라 말씀합니다.

> 만일 우리가 그의 죽으심과 같은 모양으로 연합한 자가 되었으면 또한 그의 부활과 같은 모양으로 연합한 자도 되리라 (로마서 6:5)

사랑으로 정의를 이루었습니다

나폴레옹은 말하길 "알렉산더 대왕, 찰스 대제, 샤를마뉴 대제 그리고 나는 무력으로 제국을 세웠다. 그러나 예수 그리스도는 그의 왕국을 사랑으로 세웠다"라고 했습니다[*].

많은 사람은 인류 역사상 가장 위대한 지도자, 위인, 인격자, 가장 큰 영향을 준 사람으로 '예수'를 꼽습니다. 남녀평등, 인종차별 철폐, 아동 권리 증진, 노예제도 폐지 등 사랑과 정의를 이룸에 예수를 믿고 성경의 가르침을 따르는 사람들이 많은 역할을 했음은 역사가 증명하고 있습니다. 우리나라도 기독교가 들어온 뒤 인권, 정의, 평화 등에 많은 기여를 했습니다.

하나님이 사람의 모습으로 이 땅에 오신 것을 성육신(Incarnation)이라고 합니다. 성경은 하나님인 예수님이 사람

---

[*] 존 스토트. 기독교의 기본진리. 생명의 말씀사. 61쪽.

으로 와서 영혼 구원만이 아니라 사랑으로 공평과 정의를 이루었음을 보여줍니다.

이사야는 예수님이 평화의 왕이며 공평과 정의로 다스리는 분이라고 예언했습니다.

> 이는 한 아기가 우리에게 났고 한 아들을 우리에게 주신 바 되었는데 그의 어깨에는 정사를 메었고 그의 이름은 기묘자라, 모사라, 전능하신 하나님이라, 영존하시는 아버지라, 평강의 왕이라 할 것임이라 그 정사와 평강의 더함이 무궁하며 또 다윗의 왕좌와 그의 나라에 군림하여 그 나라를 굳게 세우고 지금 이후로 영원히 정의와 공의로 그것을 보존하실 것이라 만군의 여호와의 열심이 이를 이루시리라 (이사야 9:6-7)

누가복음도 예수님이 메시아로서 공적 사역을 시작할 때 자신이 구원자로서 어떤 일을 할 것인가를 출사표와 같이 선포한 말씀에 대해 말합니다. "주의 은혜의 해"는 구약성경에서

50년마다 땅과 사람에게 자유를 선포하는 희년(禧年)을 의미합니다. 예수님은 가난한 자, 갇힌 자, 눈먼 자, 눌린 자에게 자유와 해방을 주시는 구원자가 되셔서 희년을 성취한 분입니다.

> 주의 성령이 내게 임하셨으니 이는 가난한 자에게 복음을 전하게 하시려고 내게 기름을 부으시고 나를 보내사 포로 된 자에게 자유를, 눈 먼 자에게 다시 보게 함을 전파하며 눌린 자를 자유롭게 하고 주의 은혜의 해를 전파하게 하려 하심이라 하였더라 (누가복음 4:18-19)

또한 마태복음은 예수님의 3대 사역인 복음 전파, 병 고침, 귀신 쫓아냄을 소개합니다.

> 저물매 사람들이 귀신 들린 자를 많이 데리고 예수께 오거늘 예수께서 말씀으로 귀신들을 쫓아 내시고 병든 자들을 다 고치시니 이는 선지자 이사야를 통하여 하신 말씀에 우리의

연약한 것을 친히 담당하시고 병을 짊어지셨도다 함을 이루

려 하심이더라 (마태복음 8:16-17)

예수님 당시 병들고 귀신 들린 사람들은 하나님께 저주받은 사람들이라 생각했습니다. 그런데 예수님은 오히려 그들을 구원했습니다. 그러나 당시 종교 지도자와 권력자들은 오히려 예수님을 먹기를 탐하고 술을 즐기는 자라 비판했고, 저주받을 세리와 죄인의 친구라며 조롱했습니다.

인자는 와서 먹고 마시매 너희 말이 보라 먹기를 탐하고 포도

주를 즐기는 사람이요 세리와 죄인의 친구로다 하니 (누가복

음 7:34)

갈라디아서는 예수님을 믿는 복음이 모든 경계와 차별을 허물고 하나 되게 한다고 선포합니다. 이는 당시에나 지금이나 파격적인 메시지로 국가와 민족, 인종, 신분, 성별 등을 뛰어넘을 수 있는 이유가 복음이기에 가능한 것입니다.

너희는 유대인이나 헬라인이나 종이나 자유인이나 남자나 여자나 다 그리스도 예수 안에서 하나이니라 (갈라디아서 3:28)

하나님은 사랑이며 동시에 정의로운 분입니다. 사랑과 정의는 하나님의 속성입니다. 예수님의 십자가는 죄인인 모든 사람에게 사형을 선고하며 공평을 이루었습니다. 그리고 죄의 대가를 지불하기 위해 심판자인 하나님 자신이 스스로 사람이 되어 십자가에서 죽음으로 정의를 이루었습니다. 이것이 하나님의 사랑입니다. 그러므로 사랑과 정의는 예수님의 십자가를 통한 구원의 은혜입니다.

크장 성경님은 누구인가?

3장 성령님은 누구인가?

기독교인에게 누구를 믿냐고 물으면 대부분 하나님, 혹은 예수님을 믿는다고 대답합니다. 성령님을 믿는다는 분은 거의 없습니다. 성령님은 교회 다니지 않는 사람에게는 생소합니다. 기독교인들도 성령님에 대해 잘 모르거나 하나님을 보조하는 정도로 잘못 인식하고 있는 것 같습니다. 당신은 성령님에 대해 들어 보았나요? 당신은 성령님이 누구이고 어떤 분이라고 알고 있나요?

성경에서 '영'(靈)은 히브리어로 '루아흐'(רוח)이고 헬라어로는 '프뉴마'(πνεῦμα)입니다. 루아흐와 프뉴마는 영 외에도 "바람, 숨, 마음, 생명" 등으로도 사용되었습니다. 성령님은 히브리어로 '거룩'을 의미하는 '코데쉬'(קָדוֹשׁ)를 붙여 '루아흐 코데쉬'(רוּחַ הַקָּדוֹשׁ)로 구분해 부르고 기록합니다.

우리나라 기독교 초창기에는 성령님을 '숨님'이라고 부르거나 '성신'(聖神) 이라고 했습니다. 영어로는 'Holy Ghost'를 사용하다가 'Ghost'가 유령, 귀신 등의 뜻으로 오해의 소지가 있어 성령님을 'Holy Spirit'으로 구분해 사용하고 있습니다.

성령님은 하나님과 예수님과 함께합니다

창세기는 하나님이 세상을 창조할 때 '하나님의 영'이 함께 했다고 합니다. 이때 하나님의 영이 '성령님'입니다. 마찬가지로 욥기에서도 성령님이 생명이 소생하게 하는 창조자라고 고백합니다.

> 태초에 하나님이 천지를 창조하시니라 땅이 혼돈하고 공허하며 흑암이 깊음 위에 있고 하나님의 영은 수면 위에 운행하시니라 (창세기 1:1-2)

> 하나님의 영이 나를 지으셨고 전능자의 기운이 나를 살리시느니라 (욥기 33:4)

시편도 여호와가 말씀으로 세상을 창조할 때 그 입의 기운으로 창조에 동참하였음을 말하고 있습니다. 이때 "입의 기운"

이 '루아흐'로 하나님의 숨, 성령님입니다.

> 여호와의 말씀으로 하늘이 지음이 되었으며 그 만상을 그의 입 기운으로 이루었도다 (시편 33:6)

> 주의 영을 보내어 그들을 창조하사 지면을 새롭게 하시나이다 (시편 104:30)

이사야는 메시아가 올 것을 예언하며 메시아에게 하나님의 영이 임할 것이라고 합니다. 이때 성령님은 지혜와 총명의 영, 모략과 재능의 영, 지식과 여호와를 경외하는 영입니다.

> 이새의 줄기에서 한 싹이 나며 그 뿌리에서 한 가지가 나서 결실할 것이요 그의 위에 여호와의 영 곧 지혜와 총명의 영이요 모략과 재능의 영이요 지식과 여호와를 경외하는 영이 강림하시리니 (이사야 11:1-2)

> 내가 붙드는 나의 종, 내 마음을 기뻐하는 자 곧 내가 택한 사람을 보라 내가 나의 영을 그에게 주었은즉 그가 이방에 정의를 베풀리라 (이사야 42:1)

신약성경에서는 예수님의 탄생과 삶, 그리고 활동과 죽음까지 성령님이 함께 했다고 기록합니다. 특히 마태복음은 예수님의 탄생이 성령님에 의한 잉태로 시작되었으며, 세례를 받을 때 성령님이 임했다고 전하고 있습니다.

> 예수 그리스도의 나심은 이러하니라 그의 어머니 마리아가 요셉과 약혼하고 동거하기 전에 성령으로 잉태된 것이 나타났더니 (마태복음 1:18)

> 예수께서 세례를 받으시고 곧 물에서 올라오실새 하늘이 열리고 하나님의 성령이 비둘기 같이 내려 자기 위에 임하심을 보시더니 (마태복음 3:16)

이후 세례를 통해 성령의 충만함을 입고, 그 가운데 40일 동안 광야에서 마귀에게 시험을 받은 것도 성령님의 이끌림 때문이라고 합니다.

> 예수께서 성령의 충만함을 입어 요단강에서 돌아오사 광야에서 사십 일 동안 성령에게 이끌리며 마귀에게 시험을 받으시더라 (누가복음 4:1-2上)

또한 사도행전을 보면, 예수님이 귀신을 쫓아내고 능력을 행함도 성령님이 능력을 주셨기 때문이고 하나님이 함께하기 때문이라고 합니다.

> 하나님이 나사렛 예수에게 성령과 능력을 기름 붓듯 하셨으매 그가 두루 다니시며 선한 일을 행하시고 마귀에게 눌린 모든 사람을 고치셨으니 이는 하나님이 함께 하셨음이라 (사도행전 10:38)

히브리서는 예수님이 십자가에 죽으심도 성령님으로 인한 것이라고 하고, 로마서는 예수님의 부활도 성령님의 능력 때문이라고 합니다.

> 하물며 영원하신 성령으로 말미암아 흠 없는 자기를 하나님께 드린 그리스도의 피가 어찌 너희 양심을 죽은 행실에서 깨끗하게 하고 살아 계신 하나님을 섬기게 하지 못하겠느냐 (히브리서 9:14)

> 성결의 영으로는 죽은 자들 가운데서 부활하사 능력으로 하나님의 아들로 선포되셨으니 곧 우리 주 예수 그리스도시니라 (로마서 1:4)

예수님은 하나님입니다. 그런데 하나님인 예수님이 이 땅에 태어나고, 사람으로 살고, 십자가에 죽고 부활하기까지 왜 성령님의 동행함이 필요했을까요? 예수님이 하나님이 아니거나 성령님이 무언가 다른 종류의 하나님이기 때문이 아닙니다. 예수님과 하나님인 성령님이 함께하는 것은 예수님이 하나님의 보호와 인도가 필요한 완전한 사람임을 증거하는 것입니다. 이를 통해 사람인 우리도 예수님처럼 성령님을 의지하고 성령님의 능력을 따라 살아야 함을 본받아 배우게 됩니다.

성령님은 보혜사입니다

　성경에는 성령님이 특별한 목적을 위해 특정한 사람에게 탁월한 능력을 주었다는 기록이 많이 있습니다. 출애굽기에는 하나님이 임재하고 하나님께 제사하는 '성막' 제작과 관련한 기록이 있습니다. 성막 제작은 재료에서 구조까지 모두 하나님께서 모세에게 보여주고 명령한 대로 준비되고 제작됩니다.

　성막에는 번제단, 언약궤, 촛대, 떡상 등 여러 기물이 있었고 이를 만들기 위해 기술자가 필요했습니다. 출애굽기는 훌의 손자 브살렐을 불러서 하나님의 영 즉 성령님이 그에게 임해 지혜와 재능이 정교한 기술로 기물을 제작했다고 합니다.

　내가 유다 지파 훌의 손자요 우리의 아들인 브살렐을 지명하여 부르고 하나님의 영을 그에게 충만하게 하여 지혜와 총명

> 과 지식과 여러 가지 재주로 정교한 일을 연구하여 금과 은
>
> 과 놋으로 만들게 하며 (출애굽기 31:2-4)

또한 신명기에서 하나님은 죽음을 앞둔 모세의 후계자로 여호수아를 지명하여 안수해 임명하게 합니다. 이때 여호수아에게 지혜의 영, 즉 성령님이 충만하게 임했고 이스라엘 백성이 그 권위에 순종했다고 합니다.

> 모세가 눈의 아들 여호수아에게 안수하였으므로 그에게 지혜
>
> 의 영이 충만하니 이스라엘 자손이 여호와께서 모세에게 명
>
> 령하신 대로 여호수아의 말을 순종하였더라 (신명기 34:9)

사사기에는 13명의 '사사'가 있었습니다. 사사는 하나님 말씀으로 이스라엘 백성을 재판하고 가르치는 재판관입니다. 또 적의 침입했을 때는 지휘관이 되어 전쟁을 이끌었습니다. 이때 여호와의 영, 즉 성령님이 임해 적을 물리칠 수 있는 능력을 주었다고 합니다.

여호와의 영이 그에게 임하셨으므로 그가 이스라엘의 사사가 되어 나가서 싸울 때에 여호와께서 메소보다미아 왕 구산 리사다임을 그의 손에 넘겨 주시매 옷니엘의 손이 구산 리사다임을 이기니라 (사사기 3:10)

그런데 신약성경에서는 성령님을 '보혜사'라는 특별한 이름으로 소개합니다. '보혜사'(保惠師)는 헬라어 '파라클레토스'(παράκλητος)를 번역한 말입니다. 파라클레토스는 대언자, 대변자, 변호사, 협조자, 상담자 등의 의미로 성령님이 어떤 분인가를 잘 보여줍니다. 한자 '보혜사'(保惠師)도 보호하고 은혜를 주고 가르친다는 의미로 성령님이 사람을 위해 어떤 일을 하는지 정확히 이해할 수 있습니다.

요한복음은 예수님이 십자가 죽음을 앞두고 제자들에게 하나님께서 자신을 대신한 또 다른 보혜사를 보내주실 것이라고 기록합니다. 또 다른 보혜사는 보혜사인 예수님과 다른 보혜사, 즉 성령님을 의미합니다. 보혜사 성령님은 믿는 자 안에 거하며, 예수님이 가르쳐 준 모든 것을 생각나게 하고, 믿는 자로서 필요한 모든 것을 가르쳐 줍니다.

> 내가 아버지께 구하겠으니 그가 또 다른 보혜사를 너희에게 주사 영원토록 너희와 함께 있게 하리니 그는 진리의 영이라 … 그는 너희와 함께 거하심이요 또 너희 속에 계시겠음이라 (요한복음 14:16)

> 보혜사 곧 아버지께서 내 이름으로 보내실 성령 그가 너희에게 모든 것을 가르치고 내가 너희에게 말한 모든 것을 생각나게 하리라 (요한복음 14:26)

요한복음은 예수님을 영접하는 자, 즉 믿는 자가 하나님의 자녀가 된다고 했습니다. 그런데 사도행전에서는 예수님을 믿고 세례를 받으면 죄를 용서받고 성령님을 선물로 받는다고 합니다.

영접하는 자 곧 그 이름을 믿는 자들에게는 하나님의 자녀가 되는 권세를 주셨으니 (요한복음 1:12)

베드로가 이르되 너희가 회개하여 각각 예수 그리스도의 이름으로 세례를 받고 죄 사함을 받으라 그리하면 성령의 선물을 받으리니 (사도행전 2:38)

우리는 예수님을 영접하고 믿으면 예수님이나 하나님이 나와 함께한다고 생각합니다. 틀린 말은 아닙니다. 그러나 엄밀히 말해 성경은 예수님을 영접하고 믿으면 하나님의 영 또 예수님의 영인 성령님이 우리와 함께한다고 말씀합니다.

이와 관련해 고린도전서도 하나님인 성령님이 우리 안에 함께 계신다고 합니다. 우리 안에 성령님이 계시니 우리는 우리 자신의 것이 아니라 하나님의 것이라고 고백합니다.

너희는 너희가 하나님의 성전인 것과 하나님의 성령이 너희

안에 계시는 것을 알지 못하느냐 (고린도전서 3:16)

너희 몸은 너희가 하나님께로부터 받은 바 너희 가운데 계신 성령의 전인 줄을 알지 못하느냐 너희는 너희 자신의 것이 아니라 (고린도전서 6:19)

또한 우리가 예수님을 주님이라 고백하는 것도 성령님이 우리와 함께함으로 우리로 예수님이 하나님인 것과 주님인 것을 알게 한 결과입니다.

그러므로 내가 너희에게 알리노니 하나님의 영으로 말하는 자는 누구든지 예수를 저주할 자라 하지 아니하고 또 성령으로 아니하고는 누구든지 예수를 주시라 할 수 없느니라 (고린도전서 12:3)

로마서는 그리스도의 영, 즉 성령님이 있어야 그리스도의 사람이고, 하나님의 영, 즉 성령님으로 인도함을 받아야 하나님의 자녀라고 합니다.

> 누구든지 그리스도의 영이 없으면 그리스도의 사람이 아니라
> (로마서 8:9下)

> 무릇 하나님의 영으로 인도함을 받는 사람은 곧 하나님의 아들이라 (로마서 8:14)

그렇다면 보혜사 성령님은 우리에게 어떤 은혜를 주시고 무엇을 가르쳐주실까요? 이와 관련해 에베소서는 성령님께서 하나님을 알게 하고, 부르심의 소망을 알게 하며, 성도의 풍성함이 무엇인지를 알려주고, 하나님이 베푸신 힘과 능력을 알게 한다고 고백합니다.

> 우리 주 예수 그리스도의 하나님, 영광의 아버지께서 지혜와 계시의 영을 너희에게 주사 하나님을 알게 하시고 너희 마음의 눈을 밝히사 그의 부르심의 소망이 무엇이며 성도 안

> 에서 그 기업의 영광의 풍성함이 무엇이며 그의 힘의 위력으
> 로 역사하심을 따라 믿는 우리에게 베푸신 능력의 지극히 크
> 심이 어떠한 것을 너희로 알게 하시기를 구하노라 (에베소서
> 1:17-19)

또한 성경과 관련해서도 디모데후서는 성경은 하나님의 감동, 즉 성령님으로 된 것이라고 합니다. 하나님의 말씀인 성경은 성령님의 함께함으로 신자를 교훈, 책망, 바르게 함, 의로 교육해 온전하게 하고 선한 일을 행할 능력을 갖게 합니다.

> 모든 성경은 하나님의 감동으로 된 것으로 교훈과 책망과 바
> 르게 함과 의로 교육하기에 유익하니 이는 하나님의 사람으
> 로 온전하게 하며 모든 선한 일을 행할 능력을 갖추게 하려
> 함이라 (디모데후서 3:16-17)

이외에도 우리가 지치고 낙심하거나, 죄로 인해 넘어져 있을 때, 때로는 기도조차 할 수 없을 정도로 절망해 있을 때 성

령님은 우리를 위해 탄식하며 기도합니다. 우리는 성령님의 기도와 도움으로 모든 것에 합력해 선을 이룰 수 있습니다.

> 이와 같이 성령도 우리의 연약함을 도우시나니 우리는 마땅히 기도할 바를 알지 못하나 오직 성령이 말할 수 없는 탄식으로 우리를 위하여 친히 간구하시느니라 마음을 살피시는 이가 성령의 생각을 아시나니 이는 성령이 하나님의 뜻대로 성도를 위하여 간구하심이니라 우리가 알거니와 하나님을 사랑하는 자 곧 그의 뜻대로 부르심을 입은 자들에게는 모든 것이 합력하여 선을 이루느니라 (로마서 8:26-28)

성령충만은 성령의 열매를 맺습니다

 기독교는 도덕과 윤리가 아니라고 강조하는 분들이 있습니다. 그들은 도덕과 윤리가 사회 공동체의 구성의 기준에 따른 규범이지만 시대상에 따라 달라지는 한계를 가지고 있기 때문에 기독교와 다르다고 생각합니다. 그러나 우리는 하나님이 국가와 시대를 초월한 분이면서 동시에 국가와 시대를 인도하고 있음을 믿습니다.

 기독교는 하나님의 진리에 어긋나지 않은 모든 도덕, 윤리, 사회법을 존중해야 합니다. 동시에 국가와 시대의 도덕과 윤리가 타락하고 사회법이 부패했다면 이를 바로 잡기 위해 노력해야 합니다. 물론, 강압과 폭력이 아니라 사랑과 선으로 이루어가야 합니다.

 하나님을 믿고 예수님을 영접하는 것은 곧 성령님과 함

께하는 것입니다. 성경은 우리 안에 성령님이 계시지만 여전히 죄성도 있음을 이야기합니다. 그래서 사도 바울은 이렇게 탄식합니다.

> 그러므로 내가 한 법을 깨달았노니 곧 선을 행하기 원하는 나에게 악이 함께 있는 것이로다 내 속사람으로는 하나님의 법을 즐거워하되 내 지체 속에서 한 다른 법이 내 마음의 법과 싸워 내 지체 속에 있는 죄의 법으로 나를 사로잡는 것을 보는도다 (로마서 7:21-23)

그러나 바울은 탄식만 하고 있지 않습니다. 오히려 성령님을 통해 우리가 죄와 사망의 법에서 해방되었음을 선언합니다.

> 그러므로 이제 그리스도 예수 안에 있는 자에게 결코 정죄함이 없나니 이는 그리스도 예수 안에 있는 생명의 성령의 법이 죄와 사망의 법에서 너를 해방하였음이라 (로마서 8:1-2)

따라서 성도는 이전의 삶을 따라 탐욕의 죄를 좇지 말고 성령님이 주시는 생명과 평안을 따라 살아야 합니다.

> 육신을 따르는 자는 육신의 일을, 영을 따르는 자는 영의 일을 생각하나니 육신의 생각은 사망이요 영의 생각은 생명과 평안이니라 (로마서 8:5-6)

성령님의 중요한 사역 중 하나는 성령충만입니다. 술에 취한 것같이 세상의 세속적 가치와 탐욕에 잠겨 있지 말고, 성령님으로 인해 충만해지라고 권합니다. 성령님과 동행할 때 우리는 찬양, 감사, 기도, 복종 등 믿음의 삶을 살 수 있습니다.

> 세월을 아끼라 때가 악하니라 그러므로 어리석은 자가 되지 말고 오직 주의 뜻이 무엇인가 이해하라 술 취하지 말라 이는 방탕한 것이니 오직 성령으로 충만함을 받으라 시와 찬송과 신령한 노래들로 서로 화답하며 너희의 마음으로 주께 노래하며 찬송하며 범사에 우리 주 예수 그리스도의 이름으로

항상 아버지 하나님께 감사하며 그리스도를 경외함으로 피차

복종하라 (에베소서 5:16-21)

갈라디아서를 보면 성령님이 내주한 사람에게 성령의 열매가 맺힌다고 했습니다. 이 성령의 열매가 곧 온전한 신자의 믿음과 삶입니다. 예수님을 믿는 사람들은 이기적인 욕망과 탐심을 십자가에 못 박고 성령님을 따라 살아갑니다.

오직 성령의 열매는 사랑과 희락과 화평과 오래 참음과 자비와 양선과 충성과 온유와 절제니 이같은 것을 금지할 법이 없느니라 그리스도 예수의 사람들은 육체와 함께 그 정욕과 탐심을 십자가에 못 박았느니라 만일 우리가 성령으로 살면 또한 성령으로 행할지니 헛된 영광을 구하여 서로 노엽게 하거나 서로 투기하지 말지니라 (갈라디아서 5:22-26)

성령님은 하나님입니다. 성령님은 태초부터 하나님과 함께 했고, 예수님의 탄생과 삶 그리고 죽음과 부활에 함께 했습니

다. 또한 성령님은 구약성경 시대 하나님의 백성들과 함께했고 신약성경 시대 보혜사로 임해서 제자들과 함께했습니다.

예수님을 믿는 사람들은 예수님을 영접하고 하나님의 자녀와 주님의 제자가 됩니다. 예수님을 영접하는 사람들에게는 성령님이 보호하며 은혜 주시며 가르쳐주심으로 함께합니다. 우리는 우리 안에 계신 성령님을 따라 죄와 사망의 법이 아니라 생명과 평안의 법을 따라 살아야 합니다. 성령님으로 충만하게 사는 것은 성령의 열매를 맺으며 살아가는 삶입니다.

4장 삼위일체 하나님의 사귐

4장 삼위일체 하나님의 사귐

기독교인에게 당신은 무엇을 믿느냐고 물으면 대부분 하나님이나 예수님을 믿는다고 대답합니다. 성령님을 믿는다고 대답하는 분은 거의 없습니다. 물론, 기독교는 하나님과 예수님을 믿습니다.

그러나 이런 대답은 기독교가 믿는 것에 대한 답변으로 충분하지 않습니다. 기독교는 정확히 말해 삼위일체(三位一體, Trinity) 하나님을 믿습니다. 하나님, 예수님, 성령님 세 분 하나님을 하나로 믿는 삼위일체 하나님에 대한 믿음은 기독교만의 독특한 신 고백이며 기독교 신앙의 핵심입니다.

삼위일체는 한자로 三位一體입니다. 이를 있는 그대로 해석해 하나의 몸에 세 개의 역할 또는 지위 등으로 이해하는데 이런 이해가 삼위일체에 대한 가장 큰 오해입니다. 한자는 같은 글자도 여러 뜻이 있습니다. 그래서 여러 뜻 중에 바른 뜻을 적용해 해석하는 것이 중요합니다.

삼위일체에서 位는 자리, 역할, 모양, 지위 등의 뜻이 있지만 이곳에서는 분 또는 명으로 사용된 것입니다. 삼위(三位)는 그냥 세 분이란 의미입니다. 體도 일반적으로 사용하는 몸으로 사용된 것이 아니라 근본 또는 본질이란 뜻으로 사용되었습니다. 따라서 일체(一體)는 본질적으로 한 분이란 뜻입니다. 그래서 삼위일체는 하나님, 예수님, 성령님이 세 분이면서 본질적으로 한 분이라는 뜻입니다. 영어로는 three person in one nature 라고 합니다.

세분은 모두 하나님입니다

　기독교에서는 하나님을 창조자이고 아버지로서 성부(聖父)라고 부르고, 구원자이신 아들 예수 그리스도는 성자(聖子)라고 하며, 보호하고 은혜 주시며 가르치는 보혜사를 성령(聖靈)이라고 합니다. 이를 성부 하나님, 성자 예수님, 성령 하나님이라 하며 세분을 하나로 말할 때 '삼위일체 하나님'이라 합니다.

　그런데 성경에는 삼위일체라는 말이 나오지 않습니다. 그래서 헷갈리고 오해도 있습니다. 그러나 성경을 읽고 주의 깊게 찾아보면 세분 하나님이 본질적으로 하나임을 알 수 있는 말씀들이 많이 있습니다. 이 책 앞장에서 하나님, 예수님, 성령님이 각각 누구인가 소개했습니다. 세분은 모두 전능한 분, 즉 하나님입니다. 또 세분은 모두 창조자와 구원자 또 인도자로 함께했습니다. 다음 성경 말씀들은 세분 하나님이 동시에 존재하며 삼위일체로 함께함을 보여줍니다.

먼저 마태복음은 예수님이 요한에게 세례받을 때 장면을 묘사하고 있습니다. 예수님이 세례요한에게 세례받을 때 예수님은 세례를 받고 있었고, 성령님은 비둘기같이 예수님에게 내려와 임했으며, 하나님은 하늘에서 내 사랑하는 아들이라고 말씀하셨습니다. 같은 시간과 공간에 삼위일체 하나님이 동시에 존재하고 있음을 보여주는 대표적인 말씀입니다.

> 예수께서 세례를 받으시고 곧 물에서 올라오실새 하늘이 열리고 하나님의 성령이 비둘기 같이 내려 자기 위에 임하심을 보시더니 하늘로부터 소리가 있어 말씀하시되 이는 내 사랑하는 아들이요 내 기뻐하는 자라 하시니라 (마태복음 3:16-17)

데살로니가후서에서도 삼위일체 하나님의 동시적 사역, 협력적 사역이 나타납니다. 하나님은 사람을 택하셨고, 성령님이 믿음을 주셔서 구원받게 하였으며, 이를 통해 예수님께 영광을 돌리게 되었습니다. 믿는 사람이 구원 받음에 하나님, 예수님, 성령님이 삼위일체로 함께하셨다는 것입니다.

> 주께서 사랑하시는 형제들아 우리가 항상 너희에 관하여 마땅히 하나님께 감사할 것은 하나님이 처음부터 너희를 택하사 성령의 거룩하게 하심과 진리를 믿음으로 구원을 받게 하심이니 이를 위하여 우리의 복음으로 너희를 부르사 우리 주 예수 그리스도의 영광을 얻게 하려 하심이니라 (데살로니가후서 2:13-14)

베드로전서도 신자의 택함이 하나님의 미리 아심과 성령님이 순종하게 하심과 예수님의 십자가 사건으로 얻게 된 결과라고 말하고 있습니다.

> 곧 하나님 아버지의 미리 아심을 따라 성령이 거룩하게 하심으로 순종함과 예수 그리스도의 피 뿌림을 얻기 위하여 택하

심을 받은 자들에게 편지하노니 은혜와 평강이 너희에게 더욱 많을지어다 (베드로전서 1:2)

삼위일체에 대한 잘못된 이해

기독교는 하나님만 신으로 믿습니다. 이것을 앞에서 살펴본 것처럼 유일신론이라고 합니다. 기독교의 유일신론은 하나님이 첫 번째 신이거나 다른 신들에 비해 강하다는 최고신의 의미가 아닙니다. 하나님만이 신이고 우리가 신이라 부르는 다른 신은 사람이 자신의 이익과 탐욕을 위해 만든 우상, 즉 거짓된 형상이라 생각합니다.

그런데 기독교만이 아니라 유대교와 이슬람교도 유일신론을 주장합니다. 엄밀히 말해 유대교와 이슬람교의 유일신론은 '하나님'과 '알라'만이 신이라는 단일신론(Monotheism)입니다. 유대교의 유일신론은 성부 하나님만이 신이라 믿는 단일신론이지만, 기독교의 유일신론은 하나님, 예수님, 성령님 세분이 본질적으로 하나라는 '삼위일체 유일신론'(The Holy Trinity)입니다. 유일신에 대한 이런 차

이가 기독교와 다른 유일신을 믿는 종교와의 결정적이고 분명한 차이입니다.

　기독교도 처음부터 삼위일체 교리를 완전하게 믿고 주장한 것은 아닙니다. 기독교 신앙이 확산되면서 예수님이 완전한 하나님이라는 예수님의 신성을 부인하거나, 예수님이 완전한 사람이라는 예수님의 인성을 부인하는 주장이 생겼습니다. 또 성령님에 대해서도 성령님은 하나님이 아니라 영이신 하나님의 다른 표현일 뿐이라는 주장도 커졌습니다. 이런 주장들은 바른 믿음에 대한 혼란이 되었습니다. 이런 주장과 믿음에 대해 대답하고 바른 믿음을 분명히 할 필요가 커졌습니다. 삼위일체는 성경을 잘못 이해하는 혼란과 공격 속에서 성경의 가르침을 바르게 정립한 것입니다.

　교회 대표자들이 정기적으로 모여 회의하는 것을 공의회(公議會, Council)라고 합니다. 공의회를 통해 교리를 정립하고 여러 교회 일을 논의해 결정합니다. 삼위일체가 본격적으로 논의된 것은 325년 니케아 공의회입니다. 니케아 공의회는 로마를 통일한 콘스탄틴 황제가 주도했습니다. 콘스탄틴 황제는 기독교를 로마의 국교로 선포하고 공인했는데, 국가 통합을 위해 교리의 통일을 이루는 것을 중요하게 생각했습니다.

니케아 공의회가 개최될 때는 알렉산드리아 지역이 가장 영향력이 컸습니다. 당시 알렉사드리아의 대표 주교는 아리우스입니다. 그는 유대교적 유일신 사상을 주장하며 하나님만이 하나님이며 하나님과 같은 분은 없다며 "예수님은 하나님이 아니라 하나님과 유사한(homoiousios) 최상의 피조물"이라고 주장했습니다. 예수님을 하나님으로 인정하지 않고 하나님과 유사한 존재로 주장한 것입니다.

이에 대해 젊은 주교 아타나시우스가 "예수님은 하나님이 낳으신 피조물이고 우리는 만드신 피조물로 예수님은 하나님과 동일한(homoousios) 분입니다."라고 반론을 제시

합니다. '낳으신'과 '만드신'의 차이를 통해 예수님은 하나님이 만드신 분이 아니라 하나님이 낳으신 분으로 예수님이 하나님이라고 고백한 것입니다.

325년 니케아 공의회에서 본격적으로 시작된 논쟁은 약 60년이 지난 381년 콘스탄티노플 공의회에서 아타나시우스의 주장을 진리로 받아들여 삼위일체 교리로 확정하게 되었고 아리우스의 주장은 금지되었습니다. 공의회는 이를 '니케야-콘스탄티노플 신앙고백'을 통해 예수님은 하나님의 독생자이며, 아버지로부터 낳아진 분이며, 빛에서 나신 빛이고, 하나님과 본체로서 만물을 창조한 분이라고 고백합니다. 또한 성령님도 성부와 성자에게서 나와서 성부와 성자와 더불어 경배되어야 함을 고백합니다. 이로써 삼위일체 하나님에 대한 신앙고백이 정리되었습니다.

삼위일체 교리를 정리한 '니케야-콘스탄티노플 신앙고백' 이후 삼위일체를 설명하는 많은 논리와 주장이 있었습니다. 그런데 삼위일체를 설명하면서 오히려 잘못된 설명으로 오해를 만들기도 합니다. 삼위일체에 대해 잘못 설명하거나 이해하는 3가지 주장은 다음과 같습니다.

첫째, 삼신론(三神論, Tritheism)입니다. 이 주장은 하나님, 예수님, 성령님을 각각 세분의 다른 신으로 보고 있습니다. 그래서 삼신론을 다신론이라고도 부릅니다. 구약성경의 배경이 되는 고대 중근동은 범신론에 의한 다신교를 당연하게 여겼습니다. 신은 여럿인데 그중에 자신이 믿는 신이 가장 전능한 신이라는 최고신론을 따르는 것입니다. 신약성경의 배경이 되는 그리스로마 시대도 범신론적 다신론이었습니다. 그러다 보니 범신론적 신론을 가진 사람들은 하나님, 예수님, 성령님을 각각의 신으로 인정하거나 예수님과 성령님은 하나님에게 속한 또는 하나님에 의해 특별한 역할을 부여받은 신적 존재로 이해했습니다. 이것은 잘못된 하나님 이해입니다.

둘째, 단일신론(單一神論)입니다. 단일신론은 유일신론과 유사합니다. 한 분만 신이라는 의미입니다. 대표적으로 유대교와 이슬람교가 유일신적 단일신론입니다. 유대인들은 하나님만이 신이기에 예수님을 하나님이라는 주장은 다신론을 주장하는 것이고, 하나님을 모독하는 것이라며 받아들이지 않았습니다. 더구나 성령님까지 하나님이라는 주장은 당연히 거부되었습니다. 지금까지도 유대교는 예수님을 특별한 선지자로 여기고 성령님은 하나님의 영으로서 하나님에 대한 다른 호칭일 뿐이라 생각합니다.

한 가지 더 짚고 가야 할 부분이 있습니다. '유니테리언'(unitarianism)이라는 신론입니다. 이는 단일신론의 확장된 해석이라고 할 수 있습니다. 모든 신은 하나의 신이 다른 모습으로 보이고 불리는 것이라고 주장합니다. 영어로는 god is in everything 이라고 합니다. 이런 주장은 범재신론(panentheism)과 유사합니다.

그들은 하나님도 세 분이 아니라 한 분일 뿐이며 예수님, 성령님은 한 분 하나님의 다른 모습을 나타낼 뿐이라고 생각합니다. 이런 해석은 양태론(Modalism)과도 유사합니다. 이런 주장에 근거해 하나님, 예수님, 성령님 중 한 분만 하나님으로 믿거나 강조하는 종파가 있습니다.

셋째, 양태론(樣態論)입니다. 양태론은 한 사람이 역할에 따라 다양한 임무를 맡는 것같이 하나님을 이해하는 이론입니다. 마치 집에서 아버지, 남편, 아들의 역할을 맡듯 하나님을 세 가지 역할로 설명합니다. 그러나 역할로 설명하면 아버지이며 동시에 아들일 수 없는 모순이 존재합니다. 또 다른 대표적인 예시가 태양을 가지고 하나님을 설명하는 형태입니다. 태양이 빛과 열을 낼 때 그 주체는 태양 자체이지만 빛도 열도 태양의 다른 역할이며 모습이라는 것입니다. 그러나 빛과 열은 태양에서 발생한 현상이지만 그 자체를 태양이라 할 수는 없습니다.

양태론에 의한 다른 설명은 한 존재가 다른 시간이나 공간에 존재했다는 것입니다. 삼위일체와 관련해 하나님이 아버지, 아들, 영으로 각각 다른 역할로 존재했다거나 구약에서는 성부, 신약에서는 성자, 부활 이후에 성령으로 존재했다는 주장입니다. 이는 잘못된 이론입니다. 이러한 설명은 삼위일체 하나님이 창조 때나 구원의 순간에 같은 시간과 공간에 동시에 존재하는 것을 설명하지 못합니다.

이처럼 사람의 논리로 삼위일체를 모두가 이해하게 충분히 설명하는 것은 불가능합니다. 그래서 어떤 의미에서 삼위일체는 오직 기독교의 유일한 개념이고 신비 그 자체라 할 수 있습니다. 사람의 논리나 이성으로는 확실하게 이해할 수 없는 신비의 영역이기에 역사적 신앙고백을 통해 확립된 삼위일체에 대한 고백을 충분히 공부하는 것이 필요합니다. 앞서 소개한 '니케아-콘스탄티노플 신앙고백'과 함께 이 신앙고백을 이끈 아타나시우스의 이름을 탄 '아타나시우스 신앙고백'에는 다음과 같은 내용이 있습니다.

"성부의 본성이 바로 성자와 성령의 본성입니다. 성부도 피조되지 않았고, 성자도 피조 되지 않았고, 성령도 피조 되지 않았습니다. 성부도 무한하고, 성자도 무한하고, 성령도 무한합니다. 따라서 성부도 전능자이고, 성자도 전능자이며, 성령도 전능자입니다. 그러나 전능자는 셋이 아니라 한 분만 있습니다. 따라서 성부도 전능자 하나님이고, 성자도 전능자 하나님이며, 성령도 전능자 하나님입니다. 그러므로 전능자 하나님은 삼 위안에 일치하는 한 분입니다."

성부에게서 성자와 성령이 나오시고, 성부와 성자에서 성령이 나오셨습니다. '나오다' 또는 '낳다'는 표현은 '만들다' 등의 표현과 구분됩니다. 성자와 성령은 만들어진 피조물이 아니라 낳은 존재로 구별되지만 하나님과 동일한 존재라는 의미에서 하나의 본체입니다.

신학자들은 삼위일체론을 그림으로 표현하려고 애썼습니다. 아래 그림은 성부, 성자, 성령을 잇는 바깥선은 실선으로 표기해 각각의 독립된 존재임을 분명히 하고, 가운데 하나님이란 정체성을 향한 선은 점선으로 표기해 모두가 본질적으로 하나님이면서 또 서로 통하고 사귀며 존재함을 나타냈습니다.

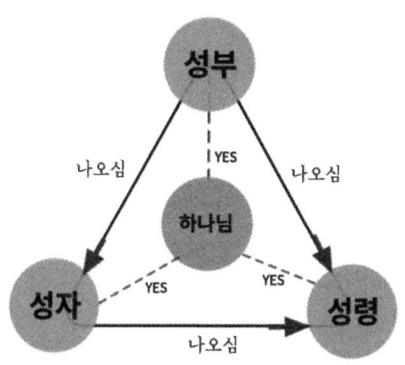

삼위일체는 사랑입니다

신약성경을 기록한 헬라어로 코이노니아(κοινωνία)는 친교, 사귐, 교제, 소통, 공유 등을 뜻합니다. 코이노니아는 교제와 관계를 형성하는 교회 공동체의 본질 중 하나입니다.

그리고 8세기 다마스커스의 교부 요한은 삼위일체를 설명하며 '페리코레시스'(περιχορησις)라는 말을 사용했습니다. 페리코레시스는 명사는 '회전'이란 뜻이고 동사로 사용될 때는 침투하다, 간섭하고 포용하다 등의 뜻으로 사용됩니다. 교부 요한은 페리코레시스를 통해 성부, 성자, 성령이 서로 침투하고 포용하며 코이노니아로 존재한다고 설명합니다.

영국의 복음주의 신학자 알리스터 맥그라스(Alister McGrath)는 삼위일체를 설명한 페리코레시스를 세 인격이 각자의 개체성을 유지하면서 각각의 인격이 다른 두 인격의 생명을 공유한다고 설명합니다. 삼위일체 하나님의 고유한 존재방식은 아버지가 내 안에 있고, 내가 아버지안에 있는 공유와 순환, 생명의 방식입니다. 요한복음에 "내가 아버지 안에, 아버지가 내 안에" 등의 표현은 페리코레시스와 코이노니아의 삼위일체를 의미합니다.

> 아버지여, 아버지께서 내 안에, 내가 아버지 안에 있는 것 같이 그들도 다 하나가 되어 우리 안에 있게 하사 세상으로 아버지께서 나를 보내신 것을 믿게 하옵소서 내게 주신 영광을 내가 그들에게 주었사오니 이는 우리가 하나가 된 것 같이 그들도 하나가 되게 함이니이다 (요한복음 17:21-22)

삼위일체를 가장 잘 설명한 사람은 중세 북아프리카 히포의 주교였던 아우구스티누스(Aurelius Augustinus)입니다. 영어로는 어거스틴(Augustine)으로 잘알려진 인물입니다.

그는 삼위일체를 '사랑'으로 설명합니다. 사랑은 눈에 보이지 않으나 존재합니다. 사랑은 사랑하는 존재를 통해 드러나고, 사랑받는 존재를 통해 보여집니다. 이처럼 사랑하고 사랑받음은 상호적입니다. 사랑하는 사랑과 사랑받는 사랑 그리고 그 안에 존재하는 사랑, 이 셋은 각각 다르지만 본질적으로 '사랑' 한 가지는 동일합니다. 성부, 성자, 성령 이 셋은 모두 사랑하고 사랑받는 사랑 그 자체로 하나입니다.

성경은 하나님은 사랑이시라고 여러 곳에서 말씀하고 있습니다. 특별히 요한복음은 예수님이 아버지 하나님을 사랑하고 그 사랑함으로 아버지 하나님의 명령에 순종한다고 말합니다.

> 사랑하지 아니하는 자는 하나님을 알지 못하나니 이는 하나님은 사랑이심이라 (요한일서 4:8)

> 오직 내가 아버지를 사랑하는 것과 아버지께서 명하신 대로 행하는 것을 세상이 알게 하려 함이로라 (요한복음 14:31)

또한 하나님, 예수님, 성령님의 사귐은 창세기에서부터 기록되어 있습니다. 하나님이 사람을 창조할 때 "우리"라는 표현을 씁니다. '우리'는 하나님을 단수가 아니라 복수로 표기하며 하나님의 크고 전능함을 나타내기도 하지만, 하나님이 삼위일체 하나님으로 복수로 존재하며 본질적으로 하나임을 의미합니다.

> 하나님이 이르시되 우리의 형상을 따라 우리의 모양대로 우리가 사람을 만들고 그들로 바다의 물고기와 하늘의 새와 가축과 온 땅과 땅에 기는 모든 것을 다스리게 하자 하시고 (창세기 1:26)

고린도후서는 예수님의 은혜, 하나님의 사랑, 성령의 교통하심이 모든 사람에게 있기를 기도하며 마칩니다. 많은 교회가 예배 마지막 축도로 이 말씀을 사용합니다. 삼위일체 하나님의 사랑의 사귐이 함께하기를 복으로 구하는 것입니다.

주 예수 그리스도의 은혜와 하나님의 사랑과 성령의 교통하심이 너희 무리와 함께 있을지어다 (고린도후서 13:13)

삼위일체 믿음은 코이노니아입니다

 삼위일체 하나님을 믿는다는 것은 우리에게 어떤 의미가 있는 걸까요? 성경은 삼위일체 하나님이 사귐과 소통 속에 사랑하는 것처럼 하나님을 믿는 사람들도 친교와 사귐, 소통함으로 사랑해야 한다고 가르칩니다. 기독교를 사랑의 종교라 하는 것도 이런 이유 때문입니다. 요한복음은 예수님이 주신 새 계명이 서로 사랑하라는 것임을 선포하며 요청합니다.

> 새 계명을 너희에게 주노니 서로 사랑하라 내가 너희를 사랑한 것 같이 너희도 서로 사랑하라 (요한복음 13:34)

 사도 요한은 하나님은 사랑이라고 선포하며 우리도 서로 사랑하자고 강조합니다. 복음을 전하는 자들이 서로 사랑하며 교제하는 일은 마땅한 일입니다. 그리고 이런 사귐은 하나님과 아들 예수님과 함께 누리는 것이라고 합니다. 그래서 하나님을 믿는다고 하면서 사랑하지 않으면 거짓말하고 어둠에 있는 것이라고 했습니다.

> 우리가 보고 들은 바를 너희에게도 전함은 너희로 우리와 사귐이 있게 하려 함이니 우리의 사귐은 아버지와 그의 아들 예수 그리스도와 더불어 누림이라 (요한1서 1:3)

> 만일 우리가 하나님과 사귐이 있다 하고 어둠에 행하면 거짓말을 하고 진리를 행하지 아니함이거니와 그가 빛 가운데 계신 것 같이 우리도 빛 가운데 행하면 우리가 서로 사귐이 있고 그 아들 예수의 피가 우리를 모든 죄에서 깨끗하게 하실 것이요 (요한일서 1:6-7)

유다서는 믿는 사람을 사랑하는 자들이라고 부르며, 성령으로 기도하고, 하나님의 사랑으로 자신을 지키며, 영생을 위해 예수님의 긍휼을 기다리라고 권하고 있습니다.

> 사랑하는 자들아 너희는 너희의 지극히 거룩한 믿음 위에 자신을 세우며 성령으로 기도하며 하나님의 사랑 안에서 자신을 지키며 영생에 이르도록 우리 주 예수 그리스도의 긍휼을 기다리라 (유다서 1:20-21)

마태복음은 예수님이 부활 후 승천하시면서 마지막으로 제자들에게 부탁한 말씀이 기록되어 있습니다. 예수님은 제자들에게 아버지와 아들과 성령, 즉 삼위일체 하나님의 이름으로 세례를 베풀고 삼위일체 하나님이 분부한 모든 것을 가르쳐 지키게 하라고 부탁했습니다. 이때 가르쳐 지키게 하라는 '모든 것'은 한마디로 '사랑'입니다. 사랑은 사랑이신 하나님의 모든 것이며, 아들 예수님의 십자가 구원이며, 성령님의 은혜로 나타나는 복음의 모든 것입니다.

> 그러므로 너희는 가서 모든 민족을 제자로 삼아 아버지와 아들과 성령의 이름으로 세례를 베풀고 내가 너희에게 분부한 모든 것을 가르쳐 지키게 하라 (마태복음 28:19-20上)

기독교의 모든 믿음과 삶은 삼위일체와 관련되어 있습니다. '교회'는 하나님의 집이고 예수님의 몸이며 성령님의 전인 삼위일체 하나님의 공동체입니다. '예배'는 하나님을 경배하고 예수님을 본받아 성령의 소통과 인도로 드리는 것입니다. '세례'는 아버지와 아들과 성령의 이름으로 새롭게 되었음을 선언합니다. '기도'는 하나님 아버지를 향해 성령님의 인도하심을 구하며 예수님의 이름으로 기도하는 것입니다. '성경'은 하나님의 말씀이고 예수님의 삶이며 성령님의 가르침입니다. 믿는 사람의 일상과 삶은 하나님 앞에서 예수님을 본받아 성령님의 인도하심을 따라 살아야 합니다.

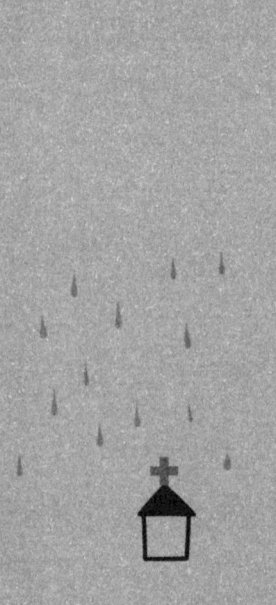

5장 사람은 누구인가?

5장 사람은 누구인가?

당신은 누구입니까? 사람들에게 당신이 누구냐고 물으면 이름이나 성별, 나이나 직업, 고향이나 좋아하는 것 등을 소개합니다. 혹은 자신의 가치관이나 삶의 방향 등을 소개하며 자신에 대해 말하기도 합니다. 이와 같이 나를 소개하는 내용은 모두 나입니다. 그러나 내가 소개하는 나는 진정한 내가 아니라 어쩌면 내가 필요해서 입은 옷과 같이 선택적이고 부차적인 것들입니다.

철학은 사람이 왜 태어났고 어디로 가는가 질문합니다. 과학 중에는 미생물에 의해 진화되어 사람이 되었고 사람도 미생물이나 동물과 똑같은 존재라고 주장합니다. 종교는 신이 사람을 만들었다고 말합니다. 그리고 종교마다 사람을 만든 목적이 있습니다. 고대 중근동은 범신론-다신론 신앙이 지배했습니다. 범신론 신앙에서 사람은 신을 위해 창조된 존재입니다.

메소포타미아의 창조신 '에아'(ea)는 진흙에 피와 정액을 섞어서 사람을 만들었는데, 이 사람은 신을 위해 노동하는 노예입니다. 바벨론 신 '마르둑'(Marduk)은 신이 사람을 만든 이유가 신이 먹을 음식을 만들고 신의 쉼을 위해서라고 합니다. '그리스-로마' 신화에서는 사람은 불의 신 '프로메테우스'(prometheus)가 만들었다고 했습니다. 그는 티탄 신족인데 경쟁자 올림포스 신족과의 싸움에서 제우스 편을 들었습니다. 제우스는 프로메테우스에게 상으로 노동을 대신할 존재를 만들도록 했고 그렇게 만든 존재가 사람입니다.

이처럼 고대 중근동이나 그리스로마 시대의 사람 이해는 신을 대신해 노동하는 존재로 창조되었다는 점을 알 수 있습니다. 기독교에서는 사람을 누가 왜 만들었다고 할까요? 이에 대해 살펴보겠습니다.

하나님의 형상으로 창조되었습니다

성경의 가장 첫 번째 책인 창세기를 보면 하나님께서 이 세상 모든 만물을 창조한 후 사람을 가장 늦게 창조한 것을 볼 수 있습니다. 하나님은 사람을 땅의 흙으로 만들고 생명을 주어 살게 합니다. 이때 사람은 '하나님의 형상'을 따라 창조했다고 합니다. 하나님은 자신의 형상으로 창조된 사람에게 자신이 창조한 자연 만물을 보전하고 관리하도록 합니다. 사람을 창조의 동역자, 관리자, 보전자로 세운 것입니다.

> 하나님이 이르시되 우리의 형상을 따라 우리의 모양대로 우리가 사람을 만들고 그들로 바다의 물고기와 하늘의 새와 가축과 온 땅과 땅에 기는 모든 것을 다스리게 하자 하시고 하나님이 자기 형상 곧 하나님의 형상대로 사람을 창조하시되 남자와 여자를 창조하시고 하나님이 그들에게 복을 주시며 하나님이 그들에게 이르시되 생육하고 번성하여 땅에 충만하라,

땅을 정복하라, 바다의 물고기와 하늘의 새와 땅에 움직이는 모든 생물을 다스리라 하시니라 (창세기 1:26-28)

여호와 하나님이 땅의 흙으로 사람을 지으시고 생기를 그 코에 불어넣으시니 사람이 생령이 되니라 (창세기 2:7)

그런데 하나님은 사람이 혼자 있는 것이 좋아 보이지 않았습니다. 사람의 창조 이야기는 창세기 1장과 2장에 기록되어 있는데 모든 창조 후에 '보시기에 좋았다'고 기록합니다. 그런데 유일하게 사람 혼자 있는 것이 좋지 않았다고 말합니다. 하나님은 혼자 있는 남자에게서 여자를 만듭니다. 하나님께서 사람을 처음 만들 때처럼 땅의 흙으로 만들지 않고 사람에게서 사람을 만듭니다. 같은 존재이고 하나인 존재라는 의미입니다.

아담은 창조의 동역자로서 피조물의 이름을 지었습니다. 이름을 짓는 것은 존재를 규정하는 창조적 노동입니다. 아담은 자신에게서 나온 여자 하와를 보고 "내 뼈 중의 뼈요 살 중의 살이라"고 합니다. '너는 나다'라고 존재를 규정한 것입니다. 남자는 '이쉬'(אש)이고 여자는 '이솨'(השא)입니다. 히브리어는 원래 모음이 없습니다. 후대에 모음을 넣어 다르게 표기했지만 같은 단어입니다. 나와 너가 같다고 이름을 지은 것입니다.

> 여호와 하나님이 아담에게서 취하신 그 갈빗대로 여자를 만드시고 그를 아담에게로 이끌어 오시니 아담이 이르되 이는 내 뼈 중의 뼈요 살 중의 살이라 이것을 남자에게서 취하였은즉 여자라 부르리라 하니라 이러므로 남자가 부모를 떠나 그의 아내와 합하여 둘이 한 몸을 이룰지로다 (창세기 2:22-24)

또한 사람을 하나님의 형상(Imago Dei)으로 창조했다는 말씀은 '하나님의 속성'을 닮은 존재로 만들었음을 의미합니다. 사람이 하나님의 속성을 닮은 것을 한마디로 '자유 의지'(Free will)의 개념에서 찾을 수 있습니다. 자유 의지의 핵심은 선택할 수 있는 능력입니다. 선택에는 책임이 따릅니다. 스스로 선택하고 그 선택을 책임지는 것, 그것이 하나님 속성이고 사람에게 주신 형상입니다. 하나님의 속성인 자유 의지를 여러 가지로 설명할 수 있는데 크게 3가지로 구분할 수 있습니다.

첫째는 독립성입니다. 하나님은 이 세상이 창조되기 전부터 스스로 계신 분으로 독립적 존재이십니다. 사람도 하나님을 닮아 독립성을 가지고 있습니다. 물론 하나님은 가장 먼저 존재했고 무엇에도 의존되지 않으며 만들어지지 않은 분입니다. 그러나 사람은 피조물로서 창조자에 의해 만들어졌기에 창조자에 의존된 한계가 있는 존재입니다. 그러나 로봇과 같이 모든 것이 조정되는 존재가 아니라 자유 의지를 가지고 스스로 생각하며 선택할 수 있는 독립적 존재입니다. 물고기는 바다에서 완전한 자유가 있습니다. 그러나 땅에 올라오는 것은 자유지만 결과는 죽음입니다. 물고기의 자유는 제한적 자유입니다. 사람은 무엇이든 스스로 선택할 수 있습니다. 그리고 결과도 책임져야 합니다. 사람은 독립적 의지로 창조자인 하나님의 뜻을 따라 살아갈 때 참된 자유를 누리게 됩니다.

둘째는 창조성입니다. 사람은 하나님을 닮아 창조적 존재로 만들어졌습니다. 하나님은 에덴동산에서 사람에게 짐승과 새 등의 각 생물에 이름을 짓도록 했습니다. 이름을 짓는 일은 존재를 규정하는 것으로 고도의 창조적 행위입니다. 또한 하나님은 자신이 창조하신 생물과 자연을 사람에게 관리하고 보전하도록 했습니다. 사람은 하나님의 창조물들을 관리, 보전, 발전시키는 능력이 있습니다.

셋째는 인격성입니다. 하나님은 전능한 분이시며 초월적으로 존재하며 동시에 자신이 창조한 만물과 관계하는 분입니다. 하나님의 관계성이라는 속성을 사람이 닮은 것을 인격성이라고 합니다. 인격성은 관계를 풍성하고 복되게 하는 성품입니다. 사람은 하나님과 관계하고 자연과 관계하며 사람과 관계합니다. 관계를 통해 공동체를 이루고 살아갑니다. 그래서 사람은 독립적이면서 동시에 관계적입니다. 참된 자유와 행복은 개인의 독립성과 창조성을 존중하면서 사귐 속에서 관계할 때 커집니다.

사람, 원죄가 시작되다

많은 사람이 기독교가 사람을 죄인이라 여긴다고 불쾌해 합니다. 당연히 불쾌할 만한 말입니다. 누가 누구에게 죄인이라 운운하는 것이 기분 좋게 들릴 수 없습니다. 그러나 기독교가 말하는 죄와 죄인은 일반적으로 사람들이 생각하는 죄와 다른 의미가 있습니다. 이를 바로 알면 말하는 사람도 주의하고, 불쾌하게 듣는 사람도 오해가 다소 해소될 수 있다고 생각합니다.

먼저 기독교에서 말하는 죄는 2가지 종류로 나뉩니다. 첫째는 '원죄'(原罪)입니다. 원죄는 첫 번째 또는 가장 큰 죄라는 의미가 아닙니다. 영어로 번역하면 'Original Sin'으로 이는 근원적, 즉 모든 죄의 원인이 되는 죄를 뜻하는 말입니다. 둘째는 '자범죄'(自犯罪) 또는 '고범죄'(犯犯罪)입니다. 이는 스스로 잘못을 하거나 일부러 짓는 죄를 말합니다. 이러한 죄는 생각, 마음, 행동 등에서 발생하고 나아가 사회적 범죄까지 포괄합니다.

성경은 자범죄와 고범죄가 원죄로부터 시작된 죄라고 합니다. 예를 들어 보겠습니다. 어떤 사람이 기침을 합니다. 기침은 병의 증상입니다. 기침의 원인이 감기 등의 바이러스일 수도 있고 기관지나 폐에 염증이 생겨 일어난 것일 수도 있습니다. 만약 기침이 병의 증상으로 자범죄와 고범죄라면, 바이러스나 염증은 병의 원인으로 원죄가 됩니다. 기독교에서 사람을 죄인이라 하는 것은 자범죄와 고범죄를 지은 사회적 범죄자라는 것이 아니라 죄의 원인이 되는 원죄를 가진 존재라는 의미입니다.

창세기에는 원죄가 어떻게 시작되었는지를 설명하고 있습니다. 유명한 에덴동산 이야기 또는 선악을 알게 하는 나무 이야기가 바로 그것입니다. 하나님은 사람에게 에덴동산을 잘 관리하고 보전하라고 하며 동산에 있는 각종 나무 열매는 얼마든지 먹으라고 허락했습니다. 그런데 딱 하나 '선악을 알게 하는 나무'의 열매는 먹지 말라고 합니다. 그리고 먹으면 반드시 죽는다고 경고합니다.

> 여호와 하나님이 그 사람을 이끌어 에덴동산에 두어 그것을 경작하며 지키게 하시고 여호와 하나님이 그 사람에게 명하여 이르시되 동산 각종 나무의 열매는 네가 임의로 먹되 선악을 알게 하는 나무의 열매는 먹지 말라 네가 먹는 날에는 반드시 죽으리라 하시니라 (창세기 2:15-17)

그런데 어느 날 뱀이 여자를 미혹합니다. 뱀은 여자에게 말하길, 선악을 알게 하는 나무를 먹어도 죽지 않으며, 오히려 눈이 밝아져서 하나님과 같이 된다고 말했습니다. 이때 뱀이 유혹한 하나님과 같이 된다고 한 의미가 중요합니다. 이 나무의 이름은 '선악을 알게 하는 나무'입니다. 뱀이 열매를 먹으면 하나님과 같이 된다는 말은 하나님과 같이 선악을 알게 된다는 것입니다. 선악을 몰랐다는 것이 아닙니다. 그동안은 하나님이 선악의 기준으로 하나님이 선하다고 한 것이 선이고 악하다고 한 것이 악이었습니다. 그런데 이제 사람이 선악의 기준이 되었습니다. 그게 눈이 밝아 하나님처럼 되는 것입니다.

여자는 열매를 먹었고 남자에게도 주어 함께 먹었습니다. 그러자 그들의 눈이 밝아졌고 그들은 자신들이 벗은 것을 부끄러워하고 가립니다. 열매를 먹기 전에는 벗은 것을 부끄럽게 생각하지 않았습니다. 그러나 열매를 먹은 후 자기 기준이 생긴 것입니다. 이전에는 하나님이 선과 악의 기준이었는데, 열매를 먹은 이후 선과 악의 기준이 자기가 된 것입니다. 자신이 기준이 된 사람은 수치심, 비교의식, 두려움, 욕심 등이 생겼습니다. 바로 죄의 시작, 원죄입니다.

> 뱀이 여자에게 이르되 너희가 결코 죽지 아니하리라 너희가 그것을 먹는 날에는 너희 눈이 밝아져 하나님과 같이 되어 선악을 알 줄 하나님이 아심이니라 여자가 그 나무를 본즉 먹음직도 하고 보암직도 하고 지혜롭게 할 만큼 탐스럽기도 한 나무인지라 여자가 그 열매를 따먹고 자기와 함께 있는 남

편에게도 주매 그도 먹은지라 이에 그들의 눈이 밝아져 자기

들이 벗은 줄을 알고 무화과나무 잎을 엮어 치마로 삼았더라

(창세기 3:4-7)

하나님은 선악을 알게 하는 나무 열매를 먹고 타락해 악한 존재가 된 사람을 에덴동산에서 쫓아내십니다. 그러면서 "사람이 선악을 아는 일에 우리 중 하나 같이 되었다"라고 합니다. 이 말은 사람이 하나님과 같이 선과 악의 기준이 되었다는 것입니다. 그렇게 선과 악의 기준이 된 사람은 생명 나무 열매를 먹으며 영원히 사는 존재가 되지 못하도록 쫓아냅니다. 원래 사람은 에덴 동산에서 생명 나무 열매를 먹으며 영원히 사는 존재였습니다. 그런데 타락한 이후 에덴 동산에서 쫓겨남으로 죽음이 시작되었고 죽는 존재가 되었습니다.

여호와 하나님이 이르시되 보라 이 사람이 선악을 아는 일에

우리 중 하나 같이 되었으니 그가 그의 손을 들어 생명 나무

열매도 따먹고 영생할까 하노라 하시고 여호와 하나님이 에덴

> 동산에서 그를 내보내어 그의 근원이 된 땅을 갈게 하시니라
>
> (창세기3:22-23)

　에덴동산에서 쫓겨난 사람의 첫 이야기가 '가인과 아벨 이야기'입니다. 형인 가인이 동생 아벨을 죽이는 최초의 살인이 발생한 것입니다. 살인 사건이 일어나기 전 제사를 두고 하나님을 원망하고 동생을 시기하는 가인에게 하나님이 경고합니다. 죄가 문에 엎드려 있으니 죄를 다스리라는 것입니다. 선악의 기준이 된 사람은 이제 스스로 죄를 다스려야 합니다. 그러나 안타깝게도 가인은 죄를 다스리지 못하고 스스로 죄를 짓습니다. 아벨을 쳐 죽인 것입니다.

> 네가 선을 행하면 어찌 낯을 들지 못하겠느냐 선을 행하지 아니하면 죄가 문에 엎드려 있느니라 죄가 너를 원하나 너는 죄를 다스릴지니라 가인이 그의 아우 아벨에게 말하고 그들이 들에 있을 때에 가인이 그의 아우 아벨을 쳐죽이니라 (창세기 4:7-8)

신학적으로 원죄는 모든 죄의 원인이고 근원입니다. 사람이 선악을 알게 하는 나무의 열매를 먹었다는 것은 자기 자신이 선악의 기준이 되었다는 것입니다. 자기 자신이 기준이 되니, 죄와 악도 모두 나를 기준으로 생각할 때 선이라 여깁니다. 그래서 철학에서 성경의 원죄를 '자기중심성' 또는 '자기애'(自己愛)라고 말하는 것입니다. 바로 이 원죄인 자기애 혹은 자기중심성에서 자범죄 또는 고범죄가 시작된 것입니다.

사람, 죄에 빠지다

그런데 사람은 원죄만 있을까요? 사람의 죄가 원죄만 있다는 것은 자기가 선과 악의 기준이 되었지만 다른 사람에게는 범죄하지 않았다는 주장입니다. 그런데 자신이 선과 악의 기준이 되니 다른 사람의 것을 빼앗거나 죽여도 내게 좋은 것이면 선이라 생각합니다. 10명의 사람이 있는데 10명이 모두 자기가 선과 악의 기준이라면 그 공동체는 질서도 평화도 모두 무너지고 그야말로 지옥이 될 것입니다.

로마서를 보면 하나님께서 사람을 "상실한 마음"으로 내버려 두셨다고 합니다. 사람은 원죄가 생긴 후로 원죄로부터 각종 자범죄와 고범죄가 생겨났습니다. 심지어 그런 죄를 자기만 행할 뿐 아니라 그런 사람들을 옳다 하며 정당화하고 세력화합니다.

또한 그들이 마음에 하나님 두기를 싫어하매 하나님께서 그들을 그 상실한 마음대로 내버려 두사 합당하지 못한 일을 하게 하셨으니 곧 모든 불의, 추악, 탐욕, 악의가 가득한 자요 시기, 살인, 분쟁, 사기, 악독이 가득한 자요 수군수군하는 자요 비방하는 자요 하나님께서 미워하시는 자요 능욕하는 자요 교만한 자요 자랑하는 자요 악을 도모하는 자요 부모를 거역하는 자요 우매한 자요 배약하는 자요 무정한 자요 무자비한 자라 그들이 이같은 일을 행하는 자는 사형에 해당한다고 하나님께서 정하심을 알고도 자기들만 행할 뿐 아니라 또한 그런 일을 행하는 자들을 옳다 하느니라 (로마서 1:28-32)

갈라디아서도 '육체의 일', 즉 사람의 죄악에 대해 말합니다. 성적 타락, 분쟁, 시기, 화내고, 편가르고, 술취하고, 방탕하는 것들을 죄악이라 지적합니다.

육체의 일은 분명하니 곧 음행과 더러운 것과 호색과 우상

숭배와 주술과 원수 맺는 것과 분쟁과 시기와 분냄과 당 짓는 것과 분열함과 이단과 투기와 술 취함과 방탕함과 또 그와 같은 것들이라 전에 너희에게 경계한 것 같이 경계하노니 이런 일을 하는 자들은 하나님의 나라를 유업으로 받지 못할 것이요 (갈라디아서 5:19-21)

성경에 등장하는 여러 가지 죄악을 6세기 때 교황 '그레고리우스 1세'가 7가지로 분류한 것을 '7가지 대죄'(七大 罪惡, Seven Deadly Sins)라고 부릅니다. 이 분류는 중세 교회의 전통이 되었으며, '단테'가 <신곡>에서 연옥의 7가지 죄악으로 소개하면서 성경의 7가지 죄악은 널리 알려졌습니다. 7가지 죄악은 교만, 분노, 시기, 정욕, 탐욕, 탐식, 나태입니다. 이를 모티브로 한 브래드 피트, 모건 프리먼 주연의 <세븐>이란 영화가 1995년 상영되며 더욱 대중화되었습니다.

먼저, '교만'은 외모, 지위, 세력, 업적, 소유, 능력 등에서 다른 사람보다 우월하다고 여기는 것입니다. 이런 우월감에서 자기 위치나 소유가 자신의 능력이라 착각하고, 자기보다 못하다고 여기는 사람에 대한 폭력과 억압을 당연시하게 됩니다. '분노'는 통제하지 못하는 화입니다. 화는 혀와 말로 시작되어 폭력을 동반합니다. '시기'는 다른 사람의 이익을 질투하는 것입니다. 이런 질투는 비교의식과 열등감 등으로 나타나고 죄악으로 자랍니다.

'정욕'은 쾌락과 자기만족을 따르는 것입니다. 쾌락과 만족을 부정하는 것이 아닙니다. 다만 통제되지 않은 욕구를 추구할 때 파멸할 수 밖에 없습니다. '탐욕'은 돈을 사랑하고 이익을 탐하는 것입니다. 적당함과 적절함이 아니라 만족을 모르는 욕망입니다. '탐식'도 먹는 것에 대한 정욕입니다. 일용할 양식과 적절함이 아니라 쾌락과 만족 또는 과시를 위해 먹는 것을 탐하는 것입니다. '나태'는 게으름입니다. 시간과 삶을 낭비하는 것입니다. 나태는 노동의 의무를 회피하고 나아가 사랑의 책임을 무시합니다.

원죄 이후 모든 사람은 죄를 지닌 존재입니다. 기독교가 사람을 죄인이라고 할 때 우리는 불쾌하고 불편합니다. 아담과 하와가 저지른 원죄 이후 사람은 누구나 하나님 중심이 아니라 나 중심으로 판단하고 살아갑니다. 내가 선과 악의 기준이 되는 것, 사람은 바로 그런 존재로 죄인이라는 것입니다.

그런데 원죄가 낳은 자범죄와 고범죄는 어떻습니까? 도둑질이나 살인 등 사회적 범죄를 저지르지 않았다 하더라도 7가지 죄악인 교만, 분노, 시기, 정욕, 탐욕, 탐식, 나태 중 어느 것 하나에는 해당하지 않나요? 우리는 죄를 들킨 죄인과 안 들킨 죄인이 있고, 인정하는 죄인과 인정하지 않는 죄인이 있을 뿐 사람은 모두 죄인입니다.

하나님은 사람을 사랑합니다

그러나 사람은 죄인이면서 동시에 하나님의 사랑을 받은 존재입니다. 창세기에서 하나님은 세상을 창조할 때 "보시기에 좋았다"고 여러번 이야기합니다. "좋다"가 히브리어로 '토브'(טוב)입니다. 영어로는 'good'이라는 의미라고 할 수 있습니다. 하나님은 자신의 형상을 따라 사람을 창조하신 후, "보시기에 심히 좋았다"라며 깊은 사랑을 표현합니다.

하나님의 사랑은 아담과 하와가 타락한 후에도 계속됩니다. 비록 사람은 타락하여 죄인이 되었지만 하나님은 사랑을 포기하지 않고 그 죄에 대해 끝까지 책임을 다합니다. 하나님은 벗은 몸을 부끄러워하며 나뭇잎으로 가린 아담과 하와를 위해 가죽옷을 입힙니다. 사람을 위해 자신이 창조한 동물을 죽인 것입니다.

사람이 무엇이기에 주께서 그를 생각하시며 인자가 무엇이기에 주께서 그를 돌보시나이까 그를 하나님보다 조금 못하게 하시고 영화와 존귀로 관을 씌우셨나이다 주의 손으로 만드신 것을 다스리게 하시고 만물을 그의 발 아래 두셨으니 (시편 8:4-6)

이 말씀은 시편 기록자의 고백입니다. 사람이 무엇이기에 자기 피조물을 희생시키면서까지 사람을 돌보시는 것일까요? 하나님은 사람을 사랑했고 영화와 존귀로 관을 씌우셨으며, 죄인임에도 불구하고 여전히 자신의 피조물을 관리하고 보존하도록 맡기셨습니다. 자신이 창조한 피조물의 타락에도 끝까지 포기하지 않고 책임을 다하는 사랑이며 신실함입니다.

도둑이 오는 것은 도둑질하고 죽이고 멸망시키려는 것뿐이요 내가 온 것은 양으로 생명을 얻게 하고 더 풍성히 얻게 하려는 것이라 (요한복음 10:10)

요한복음은 예수님이 오신 이유를 사람으로 생명을 얻고 풍성하게 하기 위함이라고 합니다. 이때 "풍성하게"가 앞에서 설명한 '토브'(좋다)는 말입니다. 하나님의 아들이신 예수님이 이 세상에 오신 목적이 창조 시대 에덴동산을 회복케 하기 위함이라는 것입니다. 그리고 아담과 하와에게 가죽옷을 입혀 죄악을 가리듯이, 예수님의 십자가 죽음으로 모든 인류의 죄를 대신해 치룬 것이 바로 하나님 사랑의 증거이고 목적이라고 하시는 것입니다.

> 우리가 아직 죄인 되었을 때에 그리스도께서 우리를 위하여 죽으심으로 하나님께서 우리에 대한 자기의 사랑을 확증하셨느니라 (로마서 5:8)

> 사랑은 여기 있으니 우리가 하나님을 사랑한 것이 아니요 하나님이 우리를 사랑하사 우리 죄를 속하기 위하여 화목 제물로 그 아들을 보내셨음이라 (요한1서 4:10)

범신론을 믿는 고대와 로마 시대는 사람을 만든 목적이 신을 위해 노동을 시키기 위해서라고 했습니다. 그러나 기독교의 창조론은 사람을 하나님의 형상을 닮은 존재로 만들었으며 하나님의 사랑받는 존재로 창조했다고 말합니다. 그래서 사람은 죄인이지만 여전히 사랑받는 존재입니다.

사람은 사랑하는 존재입니다

　사람은 하나님의 형상으로 창조되었습니다. 하나님을 닮아 독립성, 창조성, 인격성을 가지게 되었습니다. 사람이 인격을 가졌다는 의미는 관계적인 존재라는 말입니다. 사람은 하나님과의 관계, 다른 사람과의 관계, 다른 피조물과의 관계, 자신과의 관계를 맺습니다. 그래서 사랑이라는 것을 하는 것입니다. 하나님의 창조하신 만물을 사랑하고, 창조하신 사람을 사랑함으로 관계하듯이, 사람도 하나님을 닮아 관계하며 사랑합니다. 사람의 사랑은 삼위일체 하나님과 사람 그리고 자연 만물에 이릅니다.

　기독교가 사랑의 종교라고 하는 말은 틀리지 않았습니다. 그러나 사람은 먼저 자신의 온 존재를 다해 하나님을 사랑해야 합니다. 하나님 사랑이 먼저이고 우선이며 중심입니다.

> 너는 마음을 다하고 뜻을 다하고 힘을 다하여 네 하나님 여호와를 사랑하라 (신명기 6:5)

레위기를 보면 이웃을 네 자신과 같이 사랑하라고 합니다. 창조 때 남자와 여자를 보고 네가 나구나 했듯이, 모든 사람이 첫 사람 아담과 하와로부터 나와 모두가 하나이듯이, 이웃을 바로 나로 여기며 사랑하라는 것이 성경의 가르침입니다. 이를 요약해 예수님은 "하나님을 사랑하라 이처럼 이웃을 네 몸과 같이 사랑하라"고 하셨습니다.

> 네 이웃 사랑하기를 네 자신과 같이 사랑하라 나는 여호와니라 (레위기 19:18下)

요한복음은 하나님 사랑과 이웃 사랑의 계명이 새 계명이라고 했습니다. 그리고 서로 사랑할 때 모든 사람이 주님의 제자인 줄 안다고 했습니다. 제자됨의 증거는 바로 사랑입니다. 요한일서도 보이는 형제를 사랑함이 보이지 않는 하나님을 사랑하는 방법이라고 강조합니다.

> 새 계명을 너희에게 주노니 서로 사랑하라 내가 너희를 사랑한 것 같이 너희도 서로 사랑하라 너희가 서로 사랑하면 이로써 모든 사람이 너희가 내 제자인 줄 알리라 (요한복음 13:34-35)

> 우리가 사랑함은 그가 먼저 우리를 사랑하셨음이라 누구든지 하나님을 사랑하노라 하고 그 형제를 미워하면 이는 거짓말하는 자니 보는바 그 형제를 사랑하지 아니하는 자는 보지 못하는 바 하나님을 사랑할 수 없느니라 우리가 이 계명을 주께 받았나니 하나님을 사랑하는 자는 또한 그 형제를 사랑할지니라 (요한1서 4:19-21)

베드로후서는 탐심과 정욕이 가득한 세상에서 하나님의 성품에 참여하는 것은 바로 사랑하라는 것이라고 가르칩니다.

... 너희가 정욕 때문에 세상에서 썩어질 것을 피하여 신성한 성품에 참여하는 자가 되게 하려 하셨느니라 그러므로 너희가 더욱 힘써 너희 믿음에 덕을, 덕에 지식을, 지식에 절제를, 절제에 인내를, 인내에 경건을, 경건에 형제 우애를, 형제 우애에 사랑을 더하라 (베드로후서 1:4-7)

사람은 하나님의 형상으로 창조되었으나 하나님을 떠나 원죄를 가진 존재가 되었다고 했습니다. 나 중심, 내가 선악의 기준인 존재가 되었다는 것입니다. 이 원죄로부터 수많은 죄악들이 넘쳐나고 있습니다. 그럼에도 하나님은 사람을 끝까지 사랑하시며, 사람도 그 사랑으로 이웃을 사랑하고 자연 만물을 관리하고 보존할 수 있도록 우리에게 사명을 주셨습니다. 우리가 하나님의 명령을 따라 하나님의 창조의 동역자로 사는 길은 사랑하며 사는 것입니다. 하나님으로부터 용서받고 사랑받은 그 사랑으로 인해 사랑하며 사는 사람이 되기를 바랍니다.

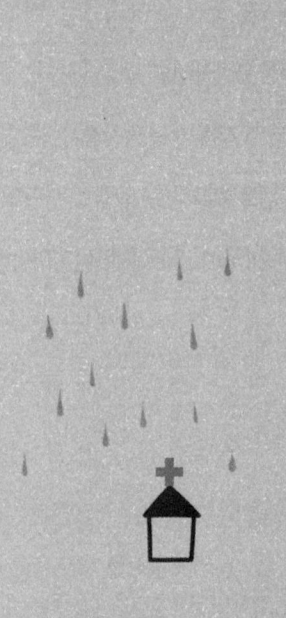

6장 구원은 무엇인가?

6장 구원은 무엇인가?

 당신은 구원이란 말을 들을 때 어떤 느낌을 받고 무슨 생각을 하게 되나요? 많은 분이 종교적 구원, 즉 영혼 구원이나 천국 등을 생각합니다. 아예 관심을 갖지 않는 분도 있습니다. 혹은 구원을 찾거나 얻기 위해 기도나 도를 닦거나 선을 행하는 등 무언가 열심히 해야 한다 생각하는 분도 있을 것입니다.

 '구원'이란 용어가 종교적 의미로 이해되지만 처음부터 그런 것은 아닙니다. 구원은 일반적으로 "건지다, 구출하다, 구하다, 해방되다" 등에 사용하는 단어입니다. 기독교에서 말하는 구원은 무엇인가 생각해 보겠습니다.

죄, 죽음, 사탄으로부터의 구원

구약성경 기록언어인 히브리어로 구원은 '예수아'(ישוע)입니다. 모세 다음으로 이스라엘을 이끌었던 '여호수아' 축약형 표기가 예수아입니다. 이 이름이 신약시대의 헬라어 '예수스'(ἰχθύς)가 되었고 우리가 일반적으로 '예수'라고 부르는 예수님의 이름입니다. 그렇게 보면 예수님은 이름의 뜻도 구원자입니다.

예수님 시대 성경언어인 헬라어로 '구원하다'는 '소테리아'(σωτηρία)입니다. 이때 '소테리아'와 같은 어근인 명사 '소마'(σωμα)는 몸 또는 육체를 뜻합니다. 이로볼 때 성경이 말하는 구원은 소위 '영혼 구원'만이 아니라 우리 몸과 몸으로 사는 이 땅의 삶도 구원함을 의미한다는 것을 알 수 있습니다. 기독교는 영혼 구원의 종교가 아니라 영혼뿐 아니라 육체도 구원하는 종교입니다. 그래서 기독교 신앙을 고백하는 '사도신경'(Apostles' Creed)도 "몸의 부활을 믿습니다"라고 마치고 있습니다.

하나님은 사람을 자신의 형상으로 만들고 자유 의지(Free will)를 가진 존재로 창조했다고 했습니다. 자유 의지는 하나님의 속성인 독립성, 역사성, 인격성을 한마디로 표현한 말입니다. 따라서 자유 의지는 사람에게 주신 하나님 사랑의 선물입니다. 그런데 사람은 그 자유 의지를 가지고 하나님의 사랑을 배신하고 하나님을 떠나 자기중심으로 살아가는 존재가 되었습니다. 자기중심의 원죄로부터 죄악이 가득한 세상이 되었습니다.

사람은 선악을 알게 하는 나무의 열매를 먹고 자신이 선악의 기준이 되었습니다. 타락한 사람은 하나님을 피해 숨었습니다. 하나님이 창조한 피조물로서 하나님이 만드신 자연 만물을 관리하고 보전하는 창조의 동역자로 부름을 받은 사람이 하나님을 피해 숨은 것입니다. 하나님이 사람을 부르니 두려워하여 숨었다고 대답합니다. 만족, 충만, 행복으로 창조된 존재였는데 이제는 죄로 인해 하나님을 두려워하는 존재가 되었습니다.

> 그들이 그 날 바람이 불 때 동산에 거니시는 여호와 하나님의 소리를 듣고 아담과 그의 아내가 여호와 하나님의 낯을 피하여 동산 나무 사이에 숨은지라 여호와 하나님이 아담을 부르시며 그에게 이르시되 네가 어디 있느냐 이르되 내가 동산에서 하나님의 소리를 듣고 내가 벗었으므로 두려워하여 숨었나이다 (창세기 3:8-10)

이사야는 죄의 가장 두드러진 특징이 하나님과 사람 사이를 갈라놓은 것이고, 죄로 인해 하나님의 얼굴을 바로 보고 그 말씀을 바로 듣지 못하는 것이라고 합니다.

> 오직 너희 죄악이 너희와 너희 하나님 사이를 갈라놓았고 너희 죄가 그의 얼굴을 가리어서 너희에게서 듣지 않으시게 함

이니라 (이사야 59:2)

선악의 열매를 먹은 사람은 생명 나무의 열매를 먹으며 영원히 살지 못하도록 에덴 동산에서 쫓겨났습니다. 죄로 인해 죽는 존재이며 죽을 존재가 된 것입니다. 죽음에는 두 가지가 있습니다. 하나는 육체적 죽음이고, 다른 하나는 영원한 죽음입니다. 육체적 죽음은 사람 육체의 생명이 끝나는 것입니다. 영원한 죽음은 육체의 생명이 끝난 것에서 나아가 영원히 생명의 근원인 하나님으로부터 멀어진 것입니다.

> 여호와 하나님이 이르시되 보라 이 사람이 선악을 아는 일에 우리 중 하나 같이 되었으니 그가 그의 손을 들어 생명 나무 열매도 따먹고 영생할까 하노라 하시고 ... 이같이 하나님이 그 사람을 쫓아내시고 에덴 동산 동쪽에 그룹들과 두루 도는 불 칼을 두어 생명 나무의 길을 지키게 하시니라 (창세기 3:22,24)

마가복음은 모든 악하고 더러운 죄가 사람의 안에서 나온다고 했습니다. 이는 모든 자범죄와 고범죄가 원죄인 자기 중심성에서 시작되고 있음을 의미합니다. 그리고 요한복음은 그 죄가 마귀에게서 시작되었다고 합니다. 아담과 하와가 속은 뱀의 유혹은 네가 죽지 않을 것이고, 하나님처럼 될 것이라는 미혹입니다. 이 미혹은 지금도 우리에게 계속되고 있습니다.

> 속에서 곧 사람의 마음에서 나오는 것은 악한 생각 곧 음란과 도둑질과 살인과 간음과 탐욕과 악독과 속임과 음탕과 질투와 비방과 교만과 우매함이니 이 모든 악한 것이 다 속에서 나와서 사람을 더럽게 하느니라 (마가복음 7:21-23)

> 너희는 너희 아비 마귀에게서 났으니 너희 아비의 욕심대로 너희도 행하고자 하느니라 그는 처음부터 살인한 자요 진리가 그 속에 없으므로 진리에 서지 못하고 거짓을 말할 때마다 제 것으로 말하나니 이는 그가 거짓말쟁이요 거짓의 아비가 되었음이라 (요한복음 8:44)

사람은 무엇으로부터 구원받아야 할까요? 먼저는 원죄, 즉 자기 중심성에서 구원 받아야 합니다. 자기 중심에서 하나님 중심으로 돌아가는 것이 바로 구원입니다. 다음으로는 수치심, 비교의식, 열등감, 두려움, 탐욕 등 죽음으로 향해가는 죄로부터 구원 받아야 합니다. 사탄은 이런 것들을 부추겨 하나님을 떠나 사람 스스로 구원할 수 있다 미혹하고 더 큰 죄악을 행하도록 우리를 유혹합니다. 구원은 나 중심, 끊임없이 미혹하는 사단, 죄, 죽음으로부터 자유와 해방을 얻는 것입니다.

구원은 하나님 나라의 회복입니다

우리가 일반적으로 천국이라고 사용하는 말은 '하늘나라'를 의미합니다. 성경 시대 사람들은 지구가 둥글고 자전과 공전을 하고 우주가 이렇게 넓고 크다는 것을 몰랐습니다. 그래서 땅은 평평하고, 땅의 깊은 곳에는 음부(스올, שׁאול), 즉 지옥이 있다고 생각했습니다. 하늘은 눈에 보이는 하늘(sky)이 있고, 그 위에 또 다른 하늘 공간(공중, space)이 있으며, 그 위에 3번째 하늘인 하늘나라(heaven)가 있다고 생각했습니다. 따라서 하늘나라는 하나님이 함께하고 통치하는 하나님 나라를 의미합니다.

에덴동산은 하나님이 함께하고 다스리는 하나님 나라였습니다. 그런데 사람이 죄를 지어 타락함으로 에덴동산에서 쫓겨나게 되고 하나님과 멀어지게 되었습니다. 에덴동산에서 쫓겨난 사람은 하나님이 있는 곳을 하늘 어딘가라고 생각하고, 그

곳을 하늘나라라고 생각했습니다.

　예수님이 이 세상에 오셨을 때부터 하나님의 나라는 시작되었습니다. 하나님인 예수님이 이 땅에 임했으니 이 땅이 하나님 나라가 된 것입니다. 예수님은 이 땅에서 가난한 자, 병든 자, 눈먼 자, 갇힌 자 등과 함께하며 그들을 얽매고 있는 사탄과 귀신을 쫓아내며 하나님 나라가 임함이 어떤 것인가 보여주었습니다. 그리고 예수님이 십자가에 죽음과 부활 또한 승천을 통해 하나님 나라의 승리를 보여주었습니다.

　그리고 약속한 또 다른 보혜사 성령님이 와서 믿는 사람과 교회를 통해 이 땅에 하나님 나라는 계속되고 있습니다. 이 땅의 하나님 나라는 완성되지 않았고 그래서 완전하지 않습니다. 사탄과 귀신은 여전히 미혹하는 자로 우리를 유혹합니다. 그 때문에 자기중심성이라는 원죄에 빠진 사람들은 여전히 온갖 폭력으로 죄를 지으며 세상을 지옥으로 만들고 있습니다.
　하나님 나라는 세상이 끝나는 날, 즉 예수님이 재림할 때

완성될 것입니다. 영원한 하나님 나라가 시작될 것입니다. 우리는 이 땅에 이미 임한 하나님 나라와 그러나 아직 완성되지 않은 하나님 나라 사이에서 살아가고 있습니다. 이를 '이미 그러나 아직'(already but not yet)이라고 합니다.

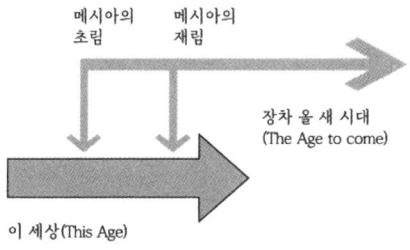

사람은 타락하여 죄와 죽음과 마귀에게 얽매이는 존재가 되었습니다. 성경은 하나님인 예수님이 이 땅에 사람으로 오셔서 십자가에 죽음으로 사람의 죄를 대신했고, 하나님 나라를 회복했다고 했습니다. 에덴동산에서 쫓겨났던 사람이 예수님의 죽음과 부활을 믿음으로 에덴동산, 즉 하나님 나라를 회복하게 된 것입니다. 구원은 죄와 죽음, 그리고 유혹하고 미혹하는 마귀로부터 하나님 나라의 자유를 회복하는 것입니다.

요한복음은 죄로 인해 죄의 종이 된 우리를 하나님 아들인 예수님이 자유롭게 해 우리도 하나님의 자녀가 되게 했다고 선포합니다.

> 예수께서 대답하시되 진실로 진실로 너희에게 이르노니 죄를 범하는 자마다 죄의 종이라 종은 영원히 집에 거하지 못하되 아들은 영원히 거하나니 그러므로 아들이 너희를 자유롭게 하면 저희가 참으로 자유로우리라 (요한복음 8:34-36)

사람은 에덴동산에서 쫓겨나 두려움과 육체의 죽음을 갖는 존재가 되었습니다. 예수님은 십자가 사랑으로 모든 죄와 사망의 법에서 사람을 해방해 생명의 성령의 법으로 살아가는 존재로 구원했습니다.

그러므로 이제 그리스도 예수 안에 있는 자에게는 결코 정죄

함이 없나니 이는 그리스도 예수 안에 있는 생명의 성령의 법

이 죄와 사망의 법에서 너를 해방하였음이라 (로마서8:1-2)

예수를 죽은 자 가운데서 살리신 이의 영이 너희 안에 거하

시면 그리스도 예수를 죽은 자 가운데서 살리신 이가 너희

안에 거하시는 그의 영으로 말미암아 너희 죽을 몸도 살리시

리라 (로마서 8:11)

잠언은 '지혜'를 하나님으로 비유합니다. 선과 악을 분별하는 것이 지혜이고, 선과 악의 기준이 하나님이시기에 지혜를 하나님이라 하는 것입니다. 그래서 하나님을 알고 믿고 얻은 자는 생명 나무라고 비유합니다. 생명 나무는 생명의 시작이고 생명의 주인인 바로 하나님 자신이기 때문입니다.

지혜는 그 얻은 자에게 생명 나무라 지혜를 가진 자는 복되

도다 여호와께서는 지혜로 땅에 터를 놓으셨으며 명철로 하

늘을 견고히 세우셨고 (잠언 3:18-19)

그리고 요한계시록은 영원한 하나님 나라인 새 하늘과 새 땅의 회복됨을 생명 나무가 회복되는 것으로 소개합니다. 십자가 피로 죄의 더러움을 씻는 모든 사람에게 생명 나무가 있는 영원한 하나님 나라가 임할 것입니다.

자기 두루마기를 빠는 자들은 복이 있으니 이는 그들이 생명 나무에 나아가며 문들을 통하여 성에 들어갈 권세를 받으려 함이로다 (요한계시록 22:14)

십자가를 믿음으로 구원받습니다

사람은 어떻게 구원받을까요? 다시 말해 어떻게 죄와 죽음과 마귀로부터 해방되어 하나님 나라에서 살 수 있을까요? 사람은 자기 스스로를 구원할 수 없습니다. 이것을 인류의 역사가 증명하고 있습니다. 철학과 윤리, 과학과 문명 등 사람의 이성에 입각한 수많은 도전과 발전들은 구원은 커녕 약육강식과 승자독식, 무한경쟁으로 이어져 왔습니다. 그러므로 사람은 스스로가 아니라 누군가에 의해 또 어떤 절대적 능력을 통해 구원받아야 합니다.

영어로 구원은 '셀베이션'(salvation)과 '리뎀션'(redemption)을 사용합니다. 셀베이션은 일반적으로 누군가 또는 무엇을 구한다는 의미이고, 리뎀션은 일반적으로 무엇을 또는 누구를 대신해 대가를 지불한다는 의미입니다. 성경의 구원은 리뎀션에 가깝습니다. 스스로 구할 수 없기에 대신해 대가를 지불하고 구했다는 의미로 '대속'(代贖)이라고 합니다.

로마서는 '대표 원리'를 기록하고 있습니다. 한 사람인 아담으로 죄가 세상에 들어와 모든 사람이 죄인이 된 것 같이, 한 사람 예수님으로 하나님의 구원이 많은 사람에게 은혜로 주어졌다는 것입니다. 그리고 이 구원은 사람의 노력에 결과로 얻어진 것이 아니라 하나님께서 스스로 대가를 치른 사랑으로 주어진 것입니다. 그래서 거저 받은 선물이고 은혜입니다.

> 그러므로 한 사람으로 말미암아 죄가 세상에 들어오고 죄로 말미암아 사망이 들어왔나니 이와 같이 모든 사람이 죄를 지었으므로 사망이 모든 사람에게 이르렀느니라 … 그러나 이 은사는 그 범죄와 같지 아니하니 곧 한 사람의 범죄를 인하여 많은 사람이 죽었은즉 더욱 하나님의 은혜와 또한 한 사람 예수 그리스도의 은혜로 말미암은 선물은 많은 사람에게 넘쳤느니라 (로마서 5:12,15)

사람이 지은 죄의 결과는 죽음입니다. 그래서 예수님은 사람을 구원하기 위해 십자가에서 죽었습니다. 예수님의 십자가 죽음은 모든 인류를 구원하고 평화를 주었습니다. 이 평화는 하나님이 창조하신 하늘과 땅 모든 것에 미치게 되었습니다.

> 아버지께서는 모든 충만으로 예수 안에 거하게 하시고 그의 십자가의 피로 화평을 이루사 만물 곧 땅에 있는 것들이나 하늘에 있는 것들이 그로 말미암아 자기와 화목하게 되기를 기뻐하심이라 (골로새서 1:19-20)

예수님의 십자가 죽음이 모든 사람의 죄를 대신하고 만물을 회복시킬 수 있는 것은 그가 하나님 자신이기 때문입니다. 빌립보서는 하나님이신 예수님이 종의 형체를 가지고 오셨다고 합니다. 예수님은 죽음과 죄의 종이 된 사람의 모습으로 와서 죽기까지 복종했다고 합니다. 이를 성육신(incarnation)이라고 합니다.

그는 근본 하나님의 본체시나 하나님과 동등됨을 취할 것으로 여기지 아니하시고 오히려 자기를 비워 종의 형체를 가지사 사람들과 같이 되셨고 사람의 모양으로 나타나사 자기를 낮추시고 죽기까지 복종하셨으니 곧 십자가에 죽으심이라 (빌립보서 2:6-8)

성육신은 하나님이 사람이 되었음을 뜻하는 말로, 하나님인 예수님이 사람의 세상에 사람이 되어 왔음을 믿는 교리입니다. 하나님은 독생자 예수님을 통해 모든 인류와 만물을 구원하기 원했습니다. 성육신과 십자가는 자신이 창조한 사람과 만물이 죄로 인해 멸망하지 않고 영원한 생명을 회복하기를 바라는 하나님의 사랑의 결정체입니다.

영접하는 자 곧 그 이름을 믿는 자들에게는 하나님의 자녀가 되는 권세를 주셨으니 이는 혈통으로나 육정으로나 사람의 뜻으로 나지 아니하고 오직 하나님께로부터 난 자들이니라 말씀이 육신이 되어 우리 가운데 거하시매 우리가 그의 영

광을 보니 아버지의 독생자의 영광이요 은혜와 진리가 충만하더라 (요한복음 1:12-14)

하나님이 세상을 이처럼 사랑하사 독생자를 주셨으니 이는 그를 믿는 자마다 멸망하지 않고 영생을 얻게 하려 하심이라 하나님이 그 아들을 세상에 보내신 것은 세상을 심판하려 하심이 아니요 그로 말미암아 세상이 구원을 받게 하려 하심이라 (요한복음 3:16-17)

믿음은 인격적 반응입니다

우리는 지금까지 구원이 필요한 이유와 어떻게 구원을 받을 수 있는지에 대해 이야기했습니다. 구원은 예수님을 믿는 믿음으로 얻는 것이라고 했습니다. 그렇다면 '믿음'은 무엇이고, 어떻게 믿을 수 있을지에 대한 질문이 생깁니다.

기독교는 삼위일체 하나님을 믿는다고 했습니다. 전능하고 창조자이며 아버지이신 하나님을 믿고, 십자가에서 죽음으로 구원하신 예수님을 믿으며, 보호하고 은혜 주시며 가르치시는 성령님을 믿습니다. 또한 기독교는 믿음으로 구원받습니다. 이 말은 어떤 종교적 노력이나 선행으로 구원받는 것이 아니라 삼위일체 하나님의 사랑과 은혜로 구원받는다는 것입니다.

사람은 자유 의지를 가진 존재로 하나님의 사랑과 은혜

에 반응할 수 있습니다. 이때 사람의 인격적 반응을 믿음이라고 합니다. 하나님은 사람에게 자신을 보여줍니다. 하나님이 자신을 보여주는 것을 계시(啓示)라고 합니다. 하나님이 자신을 보여주시는 방법은 첫째는 자연입니다. 자연 만물을 통해 우리는 신의 존재를 느끼고 경험합니다. 둘째는 성경입니다. 성경은 하나님이 누구시고 어떤 분인가를 보여줍니다. 셋째는 사랑과 은혜입니다. 하나님은 사랑과 구원의 은혜로 사람과 만물을 인도하고 보호하며 함께하십니다.

그러나 하나님은 사람에게 자신을 보여주지만 믿음을 강제로 요청하지 않습니다. 믿음은 신뢰할 만한 것을 스스로 믿을 때 의미가 있습니다. 강제적 믿음은 진정한 믿음이 아니라 강요와 억압이며, 순종이 아니라 복종이고 굴종입니다. 그래서 믿음은 인격적인 요소를 포함하며 그에 따른 책임이 있습니다.

사람의 인격은 지성, 감성, 의지로 반응합니다. 이것을

'믿음의 3요소'라고 합니다. 하나님의 사랑과 은혜에 대한 반응으로 믿음의 3요소는 다음과 같습니다.

첫째, 지성(知性, intelligence)의 영역입니다. 사람은 하나님의 창조성을 닮아 지적인 존재입니다. 이를 '이성'이라고 하고 이성을 통해 바르게 생각하고 행하는 것을 '지성'이라고 합니다. 사람은 이성을 통해 자연 만물에서 하나님을 발견하기도 하고, 다양한 지적 이해를 통해 하나님을 알기도 합니다. 지성으로 하나님의 사랑과 은혜에 반응해 믿음을 갖고 성경을 배움으로 바른 앎을 통해 믿음이 더욱 자라갑니다.

둘째, 감성(感性, sensibility)의 영역입니다. 감성은 느낌, 기쁨, 감동 등의 감정을 의미합니다. 많은 사람들이 하나님에 대한 신앙적 경험을 기대합니다. 어떤 경우 특정한 사람에게 하나님은 특별한 감정이나 이성을 초월한 경험, 신비를 주시기도 합니다. 그러나 이런 경험은 믿음의 시작이 되며 감정만을 추구할 때 믿음의 성숙에 이르지 못합니다.

셋째, 의지(意志, will)의 영역입니다. 의지는 사람의 결단인 선택을 말합니다. 지성으로 알고 감정으로 하나님을 경험했다고 해도 자신의 의지로 반응하거나 선택해야 합니다. 하나님을 아버지로, 예수님을 구원자로, 성령님을 인도자로 받아들이기로 의지적으로 선택하는 것이 '영접'이며 믿음의 시작입니다. 때로 지성으로 이해되지 않아도, 감정으로 경험되지 않았어도, 의지적 결단으로 믿음이 시작됩니다.

기독교가 처음 우리나라에 전해졌을 시기에는 삼위일체 하나님이 누구인가 배우고, 성경을 배우며 지성으로 하나님을 알게 된 사람이 많았습니다. 혹은 감정이나 초월적 경험을 통해 하나님을 알기도 했습니다. 그리고 이 모든 과정이 없다고 하더라도 사람의 의지로 하나님을 믿기로 결단한 사람들도 있습니다. 믿음은 선택입니다. 그럴 때 신앙이 시작됩니다.

오늘날 한국교회는 기독교가 전해지고 130년이 넘었습니다. 많은 사람이 기독교가 전하는 하나님, 예수님, 성령님의 삼위일체 하나님에 대해 듣고 알고 있습니다. 물론 지금도 지성적 만남과 감성적 경험이 필요합니다. 그러나 여전히 믿음은 의지적 결단과 선택으로 시작됩니다. 어쩌면 지금은 감성적 경험보다 지성적 이해와 의지적 결단이 더욱 필요하고 중요한 시대인 것 같습니다.

구원받은 자는 믿음으로 삽니다

　기독교(基督敎)의 '基督'은 그리스도를 뜻하는 말입니다. 기독교는 예수 그리스도를 믿는 종교입니다. 그래서 '기독교인' 또는 '그리스도인'이라고 할 때는 내가 그리스도에게 속한 사람임을 고백하는 말입니다. 영어로 기독교인은 'Christian'인데 영어에서 "~ian"은 "~속한" 또는 "~을 따르는"의 의미입니다. 따라서 Christian은 그리스도에 속한 또는 그리스도를 따르는 사람입니다. 예수를 믿는다는 것은 예수님이 완전한 하나님으로 영원한 구원자이심을 믿는 것이고, 이 땅에서 사는 동안은 예수님 제자로 그의 생각과 삶을 따라 사는 것입니다.

　누가복음은 기독교인을 하나님을 사랑하고 이웃을 사랑하는 사람이라고 가르칩니다. 결국 사랑이 삼위일체 하나님의 본성이듯이 기독교인됨도 사랑으로 나타나고 증명되어야 합니다.

> 대답하여 이르되 네 마음을 다하며 목숨을 다하며 힘을 다하며 뜻을 다하여 주 너의 하나님을 사랑하고 또한 네 이웃을 네 자신 같이 사랑하라 하였나이다 (누가복음 10:27)

한 걸음 더 나아가, 야고보서는 사랑의 행함이 없으면 죽은 믿음이라고 합니다. 이때 행함은 율법이나 종교적 규칙 등을 말하는 것이 아니라 사랑을 의미합니다. 사랑을 행하는 것이 곧 살아있는 믿음이라는 것입니다.

> 내 형제들아 만일 사람이 믿음이 있노라 하고 행함이 없으면 무슨 유익이 있으리요 그 믿음이 능히 자기를 구원하겠느냐 … 이와 같이 행함이 없는 믿음은 그 자체가 죽은 것이라 (야고보서 2:14,17)

고린도후서는 그리스도인이 새로운 피조물이 되었다고 선

언합니다. 이때 "새롭다"는 것은 다른 존재가 되었다는 말입니다. 세상적 가치나 탐욕으로 살던 존재가 그리스도를 본받아 그리스도를 따라 사는 존재가 되었다는 말입니다. 그래서 기독교인은 그리스도를 닮아 화목하게 하는 직분을 가집니다. 이 사명은 평화를 만들고 전하는 사람(peace maker)이 되었다는 것입니다.

> 그런즉 누구든지 그리스도 안에 있으면 새로운 피조물이라 이전 것은 지나갔으니 보라 새 것이 되었도다 모든 것이 하나님께로서 났으며 그가 그리스도로 말미암아 우리를 자기와 화목하게 하시고 또 우리에게 화목하게 하는 직분을 주셨으니 (고린도후서 5:17-18)

새로운 피조물이 되었다고 해서 모든 것이 변한 것은 아닙니다. 달라진 점이 있다면 환경과 상황은 변하지 않았지만 '자족'하게 되었다는 것입니다. 디모데전서는 자족을 이야기합니다. 자족이 믿음이고, 자족이 하나님 나라를 사는 방법이라는 것입니다. 에덴동산은 충만하고 만족한 하나님 나라였습니다. 그곳에서 쫓겨난 사람은 늘 부족을 경험하고 부족할까 두려워합니다. 그래서 더 가지려고 더 움켜쥐고 빼앗습니다.

그러나 믿음을 가지고 하나님의 자녀가 되고 그리스도를 따라 사는 자는 이 땅에서도 하나님 나라를 살아가야 합니다. 그 방법은 자족입니다. 완벽한 만족은 아니지만 하나님이 부르신 소명과 하나님이 주신 사명을 따라 자족하며 사는 것이 바로 하나님 나라를 미리 경험하며 사는 삶입니다.

> 그러나 자족하는 마음이 있으면 경건은 큰 이익이 되느니라 우리가 세상에 아무 것도 가지고 온 것이 없으매 또한 아무 것도 가지고 가지 못하리니 우리가 먹을 것과 입을 것이 있은즉 족한 줄로 알 것이니라 부하려 하는 자들은 시험과 올무와 여러 가지 어리석고 해로운 욕심에 떨어지나니 곧 사람으로 파멸과 멸망에 빠지게 하는 것이라 돈을 사랑함이 일만 악의 뿌리가 되나니 이것을 탐내는 자들은 미혹을 받아 믿음에서 떠나 많은 근심으로써 자기를 찔렀도다 (디모데전서

6:6-10)

또한 누가복음에서 예수님은 구원자로서 공적 삶을 시작하면서 일종의 '출사표'(出師表)를 선포합니다. 이 선포에는 예수님이 이 땅에 오신 목적과 사역 방향이 담겨있습니다. 예수님은 가난한 사람에게 복음, 즉 기쁜 소식을 전하고, 포로된 사람, 눈먼 사람, 눌린 사람에게 자유와 해방을 주기 위해 왔다고 합니다. 특히 '은혜의 해'를 전파하려 한다고 하는데, 이 때 '은혜의 해'는 구약시대 '희년'(禧年)으로 50년마다 노예가 된 사람과 팔렸던 땅을 돌려주며 자유와 해방을 함께 누리는 해입니다.

그리스도인은 예수님을 따라 이 땅에 가난한 사람, 포로된 사람, 눈먼 사람, 눌린 사람에게 자유와 해방을 전하는 사람입니다. 자신의 것을 빼앗긴 사람들에게 자유와 해방을 전하고 나누며 사는 사람입니다.

주의 성령이 내게 임하셨으니 이는 가난한 자에게 복음을 전하게 하시려고 내게 기름을 부으시고 나를 보내사 포로 된 자에게 자유를, 눈 먼 자에게 다시 보게 함을 전파하며 눌린 자를 자유롭게 하고 (누가복음 4:18)

의지의 고백은 믿음의 시작입니다

우리는 지금까지 하나님, 예수님, 성령님 그리고 삼위일체 하나님에 대해 배웠습니다. 또한 사람은 하나님의 사랑과 그의 형상으로 창조된 존재이며 동시에 죄인임을 알았습니다. 그리고 우리는 믿음으로 구원받음과 하나님 나라를 살아가는 의미와 자세에 대해서도 살펴봤습니다.

이제 당신은 의지적 선택과 결정으로 믿음을 고백할 수 있습니다. 비록 지적으로 완전히 이해되지 않고, 감정적으로 하나님을 만나는 경험을 하지 않았다고 해도, 하나님이 주신 의지로 당신은 믿음을 선택할 수 있습니다.

하나님의 사랑과 예수님의 십자가 은혜, 성령님의 인도하심을 구하며 믿음을 고백하기를 원하는 분들이 있다면 먼저 아래 내용을 천천히 읽어보세요. 아래 내용을 읽고 진심을 다해 기도할 때 성령님께서 당신의 마음에 들어오실 것입니다. 그리고 당신을 하나님의 자녀와 주님의 제자로 살도록 인도해주실 것입니다. 이 책을 스스로 읽고 이 기도를 읽고 마음으로 고백한 분이 있다면 가까운 교회에 나가 신앙생활을 하기를 바랍니다.

> 나는 하나님이 전능자와 창조자이며 나의 아버지임을 고백합니다. 나는 나 중심으로 살아온 죄인이며 나의 탐욕과 교만으로 여러 죄를 짓고 살고 있음을 고백합니다. 하나님, 나의 죄를 용서해 주세요. 예수님의 십자가 사랑으로 나의 죄를 용서받고 구원받음을 믿습니다. 지금 이 시간 나의 마음의 문을 엽니다. 내 마음에 들어오셔서 나의 구원자가 되어 주세요. 성령님, 이 땅에서 사랑과 평화, 공평과 정의의 하나님 나라를 살게 하시고, 영원한 하나님 나라에 임하도록 인도해 주세요. 예수님의 이름으로 기도드립니다. 아멘!

7장 교회는 무엇인가?

7장 교회는 무엇인가?

당신은 교회에 다녀본 적이 있나요? 교회에 대한 기억은 당신에게 어떤 추억으로 남아 있나요? 당신 주변에는 교회 다니는 분들이 있을 것입니다. 그 사람들은 왜 교회에 다닌다고 생각하나요? 당신은 요즘 교회를 어떻게 생각하나요? 그리고 당신은 교회에 대한 어떤 기대가 있나요? 교회는 어떠해야 한다고 생각하나요?

신약성경을 기록한 헬라어로 '교회'는 '키리아코스 오이키아'(κυριακός οἰκία)와 '에클레시아'(ἐκκλησία) 2가지 표기가 있습니다. 키리아코스 오이키아는 '주님의 집'이란 뜻으로 이

용어를 교회에 사용할 때는 건물이나 제도 등을 의미합니다. 에클레시아는 '밖으로 불러내다'란 뜻으로 불러낸 사람들을 의미합니다. 에클레시아를 교회로 사용할 때는 믿는 사람들을 의미합니다.

하나님은 사람과 만물을 창조하고 자신의 피조물과 함께했습니다. 그러나 사람은 타락해서 원죄(原罪), 즉 자기 기준에 빠져 하나님을 떠난 존재가 되었습니다. 그런 사람을 하나님은 끝까지 사랑하며 함께했습니다. 구약성경에서 하나님은 '성막'과 '성전'에 임재해 이스라엘 백성과 함께했습니다. 나라가 멸망하고 성전이 무너진 후에는 포로지에서 성전 제사가 아닌 하나님의 말씀 중심의 모임이 시작되었습니다.

이스라엘이 멸망하고 바벨론에 포로 잡혀가서 유대인의 종교, 즉 '유대교'가 시작되었습니다. 유대교 모임을 '쉬나고게'(συναγωγή, 회당)라고 합니다. 신약시대 예수님을 믿는 사람들의 모임은 쉬나고게와 구분하여 '에클레시아'라 불렀고 이를 '교회'라고 번역했습니다.

교회는 삼위일체 하나님이 세웠습니다

'교회'라는 용어는 신약성경 마태복음에 처음 등장합니다. 예수님은 제자들과 함께 '빌립보 가이사랴'라는 지역에 갔습니다. 이곳은 유대 왕 헤롯의 아들 빌립이 당시 로마 황제 티베리우스를 위해 만든 도시입니다. 로마식으로 웅장하게 지었고 판(Pan)이라는 신을 섬기는 큰 신전이 있었습니다. 사람들은 화려한 왕궁과 신전을 보며 황제와 판 신을 구원자라 여기며 섬겼습니다. 바로 그곳에서 예수님이 제자들에게 "너희는 나를 누구라고 하느냐?" 하며 물었습니다.

예수님의 질문을 받은 몇몇 제자들은 사람들이 예수님을 하나님의 선지자라고 말한다고 대답합니다. 그런데 베드로가 특별한 대답을 합니다. 예수님은 그리스도이고 하나님의 아들이라는 고백입니다. 이때 '그리스도'는 구원자라는 의미이고, '하나님 아들'은 하나님이라는 의미입니다. 당시 황제와 신에게만 사용하던 구원자, 하나님의 아들 등의 용어를 예수님에게 사용한 것입니다. 이에 예수님은 매우 기뻐하며 베드로에게 복이 있다고 칭찬합니다.

> 시몬 베드로가 대답하여 이르되 주는 그리스도시요 살아 계신 하나님의 아들이시니이다 예수께서 대답하여 이르시되 바요나 시몬아 네가 복이 있도다 이를 네게 알게 한 이는 혈육이 아니요 하늘에 계신 내 아버지시니라 또 내가 네게 이르노니 너는 베드로라 내가 이 반석 위에 내 교회를 세우리니 음부의 권세가 이기지 못하리라 (마태복음 16:16-18)

예수님은 베드로 이름을 거론하며 반석 위에 교회를 세울 것이라고 합니다. 이는 일종의 말장난입니다. '베드로'는 헬라어로 '페트로스'입니다. 뜻은 '바위'입니다. '반석'은 '페트라'입니다. 예수님은 베드로의 이름을 이용해 일종의 비유로 말씀하는 것입니다. 교회를 세우겠다는 반석은 바위인 페트로스, 즉 베드로 자신이 아니라, 베드로의 신앙고백을 의미합니다. 예수님이 구원자이고 하나님이라는 이 고백이 바로 교회의 반석, 즉 근거입니다. 교회는 이 믿음을 고백하고 따르는 신앙고백 공동체입니다

> 너희는 사도들과 선지자들의 터 위에 세우심을 입은 자라 그리스도 예수께서 친히 모퉁잇돌이 되셨느니라 그의 안에서 건물마다 서로 연결하여 주 안에서 성전이 되어 가고 너희도 성령 안에서 하나님이 거하실 처소가 되기 위하여 그리스도 예수 안에서 함께 지어져 가느니라 (에베소서 2:20-22)

에베소서는 교회를 건물에 비유합니다. 교회의 기초가 되는 '모퉁잇돌'은 예수님을 뜻합니다. 그리고 교회의 기반인 터는 하나님의 말씀, 즉 성경입니다. 교회의 기반이 되는 터로 제시한 '사도들'은 신약시대 12명의 제자들에게 주신 말씀입니다. 또 '선지자들'은 구약시대의 선지자들에게 주신 말씀입니다. 교회는 구약성경과 신약성경, 즉 하나님 말씀인 성경의 터 위에 세워진 것입니다. 또 믿는 사람들이 교회입니다. 교회는

믿는 사람들이 하나님 말씀의 터 위에서 서로 연결되어 함께 지어져 가는 곳입니다. 바로 그 곳, 그 사람들 안에 성령 하나님이 임재하십니다. 그 사람들이 바로 성전, 즉 교회입니다.

사도행전 20장을 보면 사도 바울은 죽음의 위험을 감수하며 예루살렘으로 들어가는 장면이 나옵니다. 당시 예루살렘에는 사도 바울을 죽이려는 유대교 지도자들과 신자들이 가득했습니다. 많은 제자가 위험하다고 말렸습니다. 그러나 바울은 예루살렘으로 향합니다. 예루살렘으로 가면서 바울은 자신의 제자들에게 함께 세운 교회들을 부탁합니다. 그러면서 교회를 '하나님의 자기 피로 사신 것'이라고 합니다. 바로 십자가 피로 하나님이 구원하신 백성들을 의미합니다.

> 여러분은 자기를 위하여 또는 온 양 떼를 위하여 삼가라 성령이 그들 가운데 여러분을 감독자로 삼고 하나님이 자기 피로 사신 교회를 보살피게 하셨느니라 (사도행전 20:28)

교회는 하나님이 거하시는 처소입니다. 교회는 하나님이 예수님의 피로 세우신 곳입니다. 교회는 성령님이 세우시고 인도하십니다. 교회는 삼위일체 하나님이 세우셨습니다.

교회를 비유로 소개합니다

신약성경은 교회를 하나님의 집, 하나님의 가족, 성령의 전, 그리스도의 몸으로 소개하고 있습니다.

첫째, **하나님의 집**입니다. 성전은 구약시대 하나님이 임재한 장소입니다. 이스라엘은 성전을 중심으로 신앙생활을 했고, 신앙생활뿐 아니라 모든 삶을 성전을 중심으로 살았습니다. 그래서 이스라엘이란 나라가 멸망한 것보다 예루살렘 성전이 무너진 것을 더 슬퍼했고, 포로에서 돌아왔을 때 가장 먼저 한 것도 성전을 재건하는 일이었습니다.

예수님 시대 성전은 헤롯 성전이었습니다. 헤롯은 유대인이 아니라 이두메 사람입니다. 이두메는 야곱의 쌍둥이 형 에서가 세운 '에돔'의 헬라식 이름입니다. 신구약 중간기 때 유대 '하스몬 왕조'는 이두메를 정복하고 이두메인에게 할례를 주어 유대인으로 편입시켰습니다. 그리고 이두메 왕 안티파스가 로마 장군 폼페이우스가 메소포타미아와 팔레스타인 지역을 점령할 때 협력한 공으로 안티파스의 아들 헤롯이 유대 지역 왕이 되었습니다. 이두메인으로 유대 왕이 된 헤롯은 유대인의 환심을 얻기 위해 성전 재건을 시작했고 BC 20년~AD 64년까지 무려 84년간 건축했습니다. 성전의 크기가 신의 위대함이라 생각했던 때에 헤롯 성전은 유대인에게 자부심이었습니다.

그런데 예수님은 그 크고 화려한 예루살렘 성전이 하루아침에 무너질 것이라 경고했습니다. 그리고 예수님 자신이 진정한 성전이라고 했습니다(요한복음 2:21). 당시 예수님의 말씀을 들은 사람들은 크게 격노했지만 헤롯 성전은 실제로 AD70년 로마에 의해 철저히 파멸되었습니다. 성전이 사라진 후 흩어진 유대인들은 성전 재건을 고대했습니다. 그러나 예수님을 따르는 기독교인들은 파격적인 믿음을 고백합니다. 예수님을 믿는 신자들이 바로 성전이며 하나님은 어떤 건물이 아니라 믿는 신자들 안에 함께한다고 고백합니다.

교회가 '하나님의 집'입니다. 교회는 하나님이 임재하시는 하나님의 성전입니다. 교회는 건물이 아니라 하나님이 함께하시는 사람들, 즉 믿는 자입니다.

> ... 우리는 살아 계신 하나님의 성전이라 이와 같이 하나님께서 이르시되 내가 그들 가운데 거하며 두루 행하여 나는 그들의 하나님이 되고 그들은 나의 백성이 되리라 (고린도후서 6:16)

> 우리는 하나님의 동역자들이요 너희는 하나님의 밭이요 하나님의 집이니라 (고린도전서 3:9)

둘째, **하나님의 가족**입니다. '성전'은 하나님이 임재하시는 거룩한 장소를 의미하지만, '하나님의 집'이라고 할 때는 장소뿐 아니라 사람을 의미합니다. 집은 건물만이 아니라 사람을 포함합니다. 에베소서는 예수님을 믿는 사람들은 이제 더 이상 이방인이나 나그네가 아니라고 말하고 있습니다. 혈연적 공동체를 강조했던 유대인과 달리 혈연을 넘어 모든 믿는 사람을 한 가족이 되었다고 고백합니다.

> 그러므로 이제부터 너희는 외인도 아니요 나그네도 아니요 오직 성도들과 동일한 시민이요 하나님의 권속이라 (에베소서 2:19)

하나님은 예수님의 아버지이고 예수님은 하나님의 아들입니다. 마태복음에서 예수님은 누구든지 하나님 아버지 뜻대로 하는 사람이 자신의 형제이고 자매이며 어머니라고 했습니다. 믿음으로 한 가족이 되었다는 말입니다. 그래서 예수님을 믿는 사람은 모두 하나님을 아버지로 섬기는 한 형제와 자매입니다. 로마서는 하나님께서 예수님을 모든 형제 중에 맏아들이 되게 하셨다고 합니다.

> 누구든지 하늘에 계신 내 아버지의 뜻대로 하는 자가 내 형제요 자매요 어머니이니라 (마태복음 12:50)

> 하나님이 미리 아신 자들을 또한 그 아들의 형상을 본받게 하기 위하여 미리 정하셨으니 이는 그로 많은 형제 중에서 맏아들이 되게 하려 하심이니라 (로마서 8:29)

셋째, **성령의 전**입니다. 앞에서도 설명했듯 '성전'은 하나님이 임재하는 장소입니다. 구약시대는 성막과 성전을 하나님이 임재 장소로 여겼습니다. 그곳에 하나님의 임재가 나타나기에 신성시했습니다. 신약시대에는 로마와 로마에 의해 왕으로 임명된 헤롯의 폭력적 식민지 정책을 두려워하며 싫어했지만 헤롯이 짓는 성전에 대해서는 동일하게 자부심이 있었습니다.

그러나 예수님은 하나님의 집이 물리적인 장소로서의 예루살렘 성전이 아니라 예수님 자신이며, 예수님을 믿고 따르는 신자들이라고 과감하게 가르쳤습니다. 그리고 예수님이 승천하신 이후, 보혜사이신 성령님을 통해 각 신자에게 성령님이 임하시고 그곳이 교회가 되었습니다. 그래서 하나님인 성령님이 임재하신 신자 개인과 신자들의 모임인 교회가 이제 성전이며 하나님의 집이고 성령님의 전입니다.

> 너희는 너희가 하나님의 성전인 것과 하나님의 성령이 너희 안에 계시는 것을 알지 못하느냐 누구든지 하나님의 성전을 더럽히면 하나님이 그 사람을 멸하시리라 하나님의 성전은 거룩하니 너희도 그러하니라 (고린도전서 3:16-17)

넷째, **그리스도의 몸**입니다. 요한복음에서 예수님은 자신이 성전이라고 했습니다. 그런데 앞에서 살펴본 대로 믿는 사람들이 하나님이 임재하시는 성전으로 하나님의 집이고 성령님의 전이 되었습니다. 예수님이 성전이고 예수님을 믿는 사람들도 성전이라는 말입니다. 뭔가 이상합니다. 이에 대해 골로새서는 예수님이 몸인 교회의 머리라고 합니다. 예수님은 교회의 머리이고, 예수님을 믿는 사람들은 그 머리와 함께하는 몸입니다. 결국 예수님과 믿는 사람들은 한 몸이고 한 성전이라는 말씀입니다.

> 그러나 예수는 성전된 자기 육체를 가리켜 말씀하신 것이라
> (요한복음 2:21)

> 그는 몸인 교회의 머리시라 그가 근본이시요 죽은 자들 가운데서 먼저 나신 이시니 이는 친히 만물의 으뜸이 되려 하심이요 (골로새서 1:18)

고린도전서는 믿는 사람들이 교회의 몸이라는 것을 더욱 자세히 비유해 설명합니다. 몸에 손과 발 등의 여러 지체가 있듯이 신자들은 그리스도의 몸의 지체라는 것입니다. 몸의 지체라고 할 때 그 모양과 역할이 다르지만 하나라도 아프면 몸의 다른 요소에 영향을 미칩니다. 이로써 몸이 하나라는 것을 알 수 있습니다. 또한 몸의 지체는 머리의 뜻을 따라 움직입니다. 그래야 한 몸이고 한 공동체입니다.

> 몸은 하나인데 많은 지체가 있고 몸의 지체가 많으나 한 몸임과 같이 그리스도도 그러하니라 우리가 유대인이나 헬라

인이나 종이나 자유인이나 다 한 성령으로 세례를 받아 한 몸이 되었고 또 다 한 성령을 마시게 하셨느니라 (고린도전서 12:12-13)

교회, 사랑하고 사랑을 전하는 곳

하나님은 사랑입니다. 성부 하나님은 사랑으로 창조했고, 성자 예수님은 사랑으로 구원했으며, 성령 하나님은 사랑으로 인도하십니다. 삼위일체 하나님은 서로 사랑하며 섬김의 본이 되십니다. 그리고 하나님의 자녀인 우리도 삼위일체 하나님을 따라 사랑하며 사랑을 전하며 살도록 하십니다. 그것이 구원받은 사람의 삶이고 하나님 나라입니다.

또한 교회는 사랑으로 구원받고 사랑하며 사는 성도들의 모임입니다. 그래서 교회는 사랑의 공동체입니다. 요한복음은 예수님께서 새 계명을 주셨다고 합니다. 새 계명은 구약 율법과 다른 새로운 계명이 아닙니다. 오히려 구약 율법의 참된 의미를 한마디로 정리한 것입니다. 믿는 사람들이 서로 사랑하면 모든 사람이 서로 사랑함을 보고 예수님의 제자임을 알 것이라고 합니다.

> 새 계명을 너희에게 주노니 서로 사랑하라 내가 너희를 사랑한 것 같이 너희도 서로 사랑하라 너희가 서로 사랑하면 이로써 모든 사람이 너희가 내 제자인 줄 알리라 (요한복음 13:34-35)

요한복음 17장은 예수님이 죽음을 앞두고 하나님께 드린 마지막 기도로, 이 장을 왕의 기도 또는 대제사장의 기도라고 부릅니다. 그런데 이 기도에서 예수님은 하나님께서 자신을 이 땅에 보낸 것처럼, 제자들을 세상 가운데로 보냈기에 제자들을 하나님이 지켜주시고 함께 해주시길 구합니다. 그러면서 아버지와 예수님이 사랑하는 것처럼 제자들도 세상에서 서로 사랑할 수 있게 해달라 요청합니다. 사랑! 그것이 예수님의 마지막 유언입니다.

> ... 나는 아버지께로 가옵나니 거룩하신 아버지여 내게 주신 아버지의 이름으로 그들을 보전하사 우리와 같이 그들도 하

나가 되게 하옵소서 (요한복음 17:11中)

아버지여, 아버지께서 내 안에, 내가 아버지 안에 있는 것 같이 그들도 다 하나가 되어 우리 안에 있게 하사 세상으로 아버지께서 나를 보내신 것을 믿게 하옵소서 내게 주신 영광을 내가 그들에게 주었사오니 이는 우리가 하나가 된 것 같이 그들도 하나가 되게 하려 함이니이다 (요한복음 17:21-22)

고린도후서는 예수님으로 하나님과 모든 사람과 만물이 화목하게 된 것처럼, 제자들에게도 화목하게 하는 직분을 달라고 간구합니다. 화목하게 하는 직분은 평화를 만드는 사람으로 교회된 신자들은 세상에서 평화를 만드는 사람들이어야 합니다.

모든 것이 하나님께로서 났으며 그가 그리스도로 말미암아 우리를 자기와 화목하게 하시고 또 우리에게 화목하게 하는 직분을 주셨으니 곧 하나님께서 그리스도 안에 계시사 세상을 자기와 화목하게 하시며 그들의 죄를 그들에게 돌리지 아니하시고 화목하게 하는 말씀을 우리에게 부탁하셨느니라 (고린도후서 5:18-19)

예배, 교육, 봉사, 전도, 그리고

교회의 한자어는 教會입니다. '敎'는 가르칠 '교'자입니다. 가르칠 교라고 쓰게 된 이유는 중국어 성경을 번역했기 때문입니다. 복음이 처음 전해져서 바르게 가르치고 배움이 필요했기에 적절한 표기라 생각합니다. 그런데 교회를 '가르치고 배우는 곳'으로만 정의하고 표기하기에는 교회의 삼위일체 하나님과의 인격적 관계, 성도 간의 소통, 나아가 지역과 시대에 대한 책임 등을 고려할 때 한계가 있습니다.

태백에 있는 성공회 기도원인 예수원의 설립자인 대천덕 신부님은 '敎會'를 '交會'로 바꾸자고 제안했습니다. 가르침이 아닌 교제할 '交'(교)를 사용해 하나님과 신자가, 신자와 신자가, 교회와 세상이 소통하며 교제하는 곳임을 강조한 것입니다. 교회는 삼위일체 하나님의 사랑을 함께 누리고 그 사랑을 나누는 곳입니다. 교회는 예배, 성경, 봉사, 전도 등의 여러 활동을 합니다. 이런 활동을 통해 배우고, 교제하고, 나누고, 섬기며 사랑하고 사랑을 전하는 것입니다.

첫째, **예배**입니다. 예배는 예를 다하며 절한다는 의미에서 경배라고도 하며 헬라어로는 라트레이아(λατρεία)라고 합니다.

요한복음에서 예수님은 유대 예루살렘을 떠나 북쪽 갈릴리 지역으로 가면서 중간에 사마리아 지역을 통과합니다. 그런데 당시 유대인들은 사마리아 지역을 이방의 땅이라 여겨 통과해 지나지 않고 다른 길로 멀리 돌아서 갔습니다. 이렇게 사마리아 지역을 배척하는 까닭은 그들이 민족적, 종교적 순수성을 잃었기 때문입니다.

구약시대에 이스라엘이 북쪽 이스라엘과 남쪽 유대로 나뉘었다가, 북쪽이 먼저 BC 721년에 앗시리아에게 멸망 당했습니다. 이때 앗시리아는 식민지인 북이스라엘 백성을 앗시리아와 다른 지역으로 이주시키고, 북이스라엘 지역에 앗시리아와 다른 민족을 이주시켜 혼합과 혼혈시키는 정책으로 통치했습니다. 이후 남쪽 유대도 BC 586년에 앗시리아를 정복한 바벨론에게 멸망했습니다. 비록 바벨론에 포로 잡혀갔지만 유대인들은 자신들만 정통 하나님의 백성이라 주장하며, 과거 북쪽 이스라엘에 참여했던 지파들과 북쪽 이스라엘의 중심지였던 사마리아 일대를 이방인과 같이 배척하기 시작했습니다.

이런 전통에 따라 예수님 시대의 사람들은 사마리아 지역을 통과하지 않았고 그쪽 사람들과 접촉하지 않았습니다. 그런데 예수님이 그곳을 지나간 것입니다. 예수님은 낮에 우물가에 물을 뜨러 온 어떤 여자에게 목이 마르다며 물을 달라고 말을 겁니다. 여자는 유대 남자가 사마리아 지역에 더구나 여자인 자신에게 물을 달라는 사실에 놀랐습니다. 그리고 대화 중에 예수님이 자신이 알던 사람들과 다르다는 것을 알아차렸습니다.

이후 여자는 예수님에게 질문합니다. 유대 사람들은 예루살렘 성전에서만 제사하고 예배해야만 한다고 하는데 자신들은 사마리아에 별도로 성전을 가지고 이곳에서 예배하는데 예배 장소가 하나님의 구원과 관계가 있느냐는 물음입니다. 이에 대해 예수님은 놀라운 대답을 했습니다. 예루살렘과 사마리아와 같은 장소가 중요한 것이 아니라 영과 진리로 예배하는 것이 참된 예배라는 것입니다. 진실한 예배, 바른 예배가 중요하며 장소나 형식 등이 중요한 것이 아니라는 파격적인 말씀이었습니다.

> 아버지께 참되게 예배하는 자들은 영과 진리로 예배할 때가 오나니 곧 이 때라 아버지께서는 자기에게 이렇게 예배하는 자들을 찾으시느니라 하나님은 영이시니 예배하는 자가 영과 진리로 예배할지니라 (요한복음 4:23-24)

그렇다면 예수님이 말씀하신 참된 예배, 즉 영과 진리로 드리는 예배가 무엇일까요? 이것에 대해 두 가지를 생각해 볼 수 있습니다.

하나는 제의적 예배입니다. 이는 예배당에서 일정한 순서와 의미를 가지고 진행하는 예배입니다. 예배는 하나님을 찬송하고 경배하는 찬양이 있고, 감사의 마음이 있으며, 기도와 마음을 다해 드리는 헌금의 순서가 있습니다. 이런 제의적 예배를 통해 하나님을 경배하며 사람은 진실한 마음으로 예배를 드릴 수 있어야 합니다.

> 그리스도의 말씀이 너희 속에 풍성히 거하여 모든 지혜로 피차 가르치며 권면하고 시와 찬송과 신령한 노래를 부르며 감사하는 마음으로 하나님을 찬양하고 또 무엇을 하든지 말에나 일에나 다 주 예수의 이름으로 하고 그를 힘입어 하나님 아버지께 감사하라 (골로새서 3:16-17)

그런데 로마서에서는 참된 예배에 대해 조금 다르게 말하고 있습니다.

또 다른 하나는 삶의 예배입니다. 예배드리는 자가 자신의 몸을 산 제물로 드리라고 합니다. 제물은 제사 때 내 죄 대신 동물을 죽여서 드리는 것입니다. 산 제물로 나를 드리라는 것은 일상의 삶을 예배처럼 드리라는 것입니다. 구약시대에 성전에서 제물을 드리던 제사처럼, 이제 내가 성전이고 우리가 성전이니 내 삶이 제사이고 죽은 제물이 아닌 살아있는 제물로 드려져야 한다는 것입니다. 그래서 제의적 예배를 통해 하나님이 주시는 은혜와 힘을 얻는 사람은 일상의 삶에서 이웃과 시대와 소통하며 일상을 잘 살아냅니다.

영적 예배는 '로기코스 라트레이아'(loghikos latreia)인데 로기코스는 로고스(이성, 합리)에서 나온 말로 "합리적인, 이성적인"(resonable)이란 뜻입니다. 일상의 삶을 믿음으로 바르게 사는 것이 합리적이고 이성적인 예배라는 의미입니다. 이를 위해 이 세상의 가치를 따르지 말고, 마음을 새롭게 함으로 변화를 받아서, 하나님의 선하고 기뻐하시고 온전한 뜻을 분별해 살라고 요청합니다.

그러므로 형제들아 내가 하나님의 모든 자비하심으로 너희를 권하노니 너희 몸을 하나님이 기뻐하시는 거룩한 산 제물로 드리라 이는 너희가 드릴 영적 예배니라 너희는 이 세대를 본받지 말고 오직 마음을 새롭게 함으로 변화를 받아 하나님의 선하시고 기뻐하시고 온전하신 뜻이 무엇인지 분별하도록 하라 (로마서 12:1-2)

둘째, **교육**입니다. 교회의 기능 중 하나는 교육입니다. 헬라어로 '디다케'(διδαχή)라고 합니다. 교회를 다닐 때 가장 중요한 일은 '성경'을 배우고 성경의 가르침 대로 사는 것입니다. 성경에서 말하고 있는 내용을 중심으로 우리가 믿는 바를 정리한 것이 '교리'(敎理)입니다. 앞에서 언급한 하나님, 예수님, 삼위일체, 사람과 죄, 구원과 믿음 그리고 교회에 대한 내용은 교리에 해당합니다. 그리고 세상을 살아가는 지혜와 지침을 배우는데 성품이나 세계관 등에 대해 배워야 합니다.

요한복음에서는 성경을 기록한 목적을 예수님이 하나님의

아들로 구원자이심을 믿는 것이고, 예수님을 믿어 생명을 얻게 하기 위함이라고 했습니다. 이 두 가지가 기독교 신앙의 가장 중요한 목적이고 이유라 할 수 있습니다.

> 오직 이것을 기록함은 너희로 예수께서 하나님의 아들 그리스도이심을 믿게 하려 함이요 또 너희로 믿고 그 이름을 힘입어 생명을 얻게 하려 함이니라 (요한복음 20:31)

디모데후서는 성경이 믿음으로 구원에 이르게 할 뿐 아니라 여러 교훈을 통해 사람을 바르게 하고, 지혜롭게 하고, 온전하게 하며, 선한 일을 행하게 할 능력을 준다고 했습니다.

> ... 성경은 능히 너로 하여금 그리스도 예수 안에 있는 믿음으로 말미암아 구원에 이르는 지혜가 있게 하느니라 모든 성경은 하나님의 감동으로 된 것으로 교훈과 책망과 바르게 함과 의로 교육하기에 유익하니 이는 하나님의 사람으로 온전하게 하며 모든 선한 일을 행할 능력을 갖추게 하려 함이라

(디도데후서 3:15-17)

에베소서는 교회 교육의 가장 중요한 목적을 믿는 사람을 온전하게 해서 그리스도의 몸인 교회를 세우기 위함이라고 합니다. 이때 교회는 건물이나 모임의 교회가 아니라 믿는 사람으로 온전한 신앙을 갖게 하는 것이라 할 수 있습니다. 온전한 사람이 된다는 것은 세상의 가치와 탐욕을 따라 사는 삶에서 벗어나 그리스도가 원하는 장성한 분량까지 자라는 사람입니다.

> 그가 어떤 사람은 사도로, 어떤 사람은 선지자로, 어떤 사람은 복음 전하는 자로, 어떤 사람은 목사와 교사로 삼으셨으니 이는 성도를 온전하게 하여 봉사의 일을 하게 하며 그리스도의 몸을 세우려 하심이라 우리가 다 하나님의 아들을 믿는 것과 아는 일에 하나가 되어 온전한 사람을 이루어 그리스도의 장성한 분량이 충만한 데까지 이르리니 이는 우리가 이제부터 어린 아이가 되지 아니하여 사람의 속임수와 간사

한 유혹에 빠져 온갖 교훈의 풍조에 밀려 요동하지 않게 하려 함이라 오직 사랑 안에서 참된 것을 하여 범사에 그에게까지 자랄지라 그는 머리니 곧 그리스도라 그에게서 온 몸이 각 마디를 통하여 도움을 받음으로 연결되고 결합되어 각 지체의 분량대로 역사하여 그 몸을 자라게 하며 사랑 안에서 스스로 세우느니라 (에베소서 4:11-16)

셋째, **봉사**입니다. 봉사는 섬김과 교제를 의미합니다. 헬라어 '디아코니아'(διακονία)에서 온 말로, 식탁이나 다른 천한 일에 시중드는 종을 의미합니다. 앞에 에베소서 말씀에서도 언급한 것처럼, 교회 교육의 목적은 성도를 온전하게 해서 봉사의 일을 하게 함으로 그리스도의 몸인 교회를 세우는 것이라 했습니다. 이때 필요한 것이 봉사이고 섬김입니다. 강요나 굴종으로 억지로 하는 것이 아니라 기쁨과 감사로 스스로 하는 일입니다.

성경은 봉사할 때 마음과 태도에 대해 가르쳐줍니다. 빌립보서는 봉사하는 사람의 마음과 태도를 성육신하신 하나님이 이 땅에 사람으로 오신 것에 비교합니다. 다툼과 허영이 아니라 겸손함으로 남을 나보다 낫게 여기며 행하라 합니다. 그런데 주의할 점이 있습니다. 봉사가 중요하고 필요하다고 해도 우선은 자기 일을 먼저 돌봐야 합니다. 자기 일을 바르고 적절하게 돌볼 때, 봉사의 시간도 마음과 여력도 생기는 것입니다. 자기를 돌보며 나아가 다른 이를 돌보는 것이 봉사함의 순서입니다.

> 마음을 같이하여 같은 사랑을 가지고 뜻을 합하며 한마음을 품어 아무 일에든지 다툼이나 허영으로 하지 말고 오직 겸손한 마음으로 각각 자기보다 남을 낫게 여기고 각각 자기 일을 돌볼뿐더러 또한 각각 다른 사람들의 일을 돌보아 나의 기쁨을 충만하게 하라 (빌립보서 2:2-4)

로마서에서는 봉사할 때 형제를 사랑하며 성실하게 해야 한다 강조합니다.

> 사랑에는 거짓이 없나니 악을 미워하고 선에 속하라 형제를 사랑하여 서로 우애하고 존경하기를 서로 먼저 하며 부지런하여 게으르지 말고 열심을 품고 주를 섬기라 소망 중에 즐거워하며 환난 중에 참으며 기도에 항상 힘쓰며 성도들의 쓸 것을 공급하며 손 대접하기를 힘쓰라 (로마서 12:9-13)

이처럼 봉사는 청지기같이 하는 것입니다. 청지기는 주인이나 다른 사람에게 어떤 일을 맡아서 하는 사람입니다. 청지기는 맡긴 사람의 뜻에 따라 일해야 합니다. 베드로는 믿는 사람은 하나님의 청지기라고 말합니다. 그래서 하나님께서 자기 뜻과 일을 맡기신 것입니다. 그러니 무슨 일을 할 때 당연히 주인인 하나님의 뜻대로 해야 합니다. 하나님은 봉사할 때 그 일에 필요한 시간과 힘과 능력을 주십니다.

> 서로 대접하기를 원망 없이 하고 각각 은사를 받은 대로 하나님의 여러 가지 은혜를 맡은 선한 청지기 같이 서로 봉사하라 만일 누가 말하려면 하나님의 말씀을 하는 것 같이 하고

누가 봉사하려면 하나님이 공급하시는 힘으로 하는 것 같이 하라 이는 범사에 예수 그리스도로 말미암아 하나님이 영광을 받으시게 하려 함이니 그에게 영광과 권능이 세세에 무궁하도록 있느니라 아멘 (베드로전서 4:9-11)

넷째, **전도**입니다. 전도는 복음을 전하는 것으로 헬라어로는 '케리그마'(κῆρυγμα)라고 합니다. 전도는 부담됩니다. 누군가에게 말을 걸기도 부담되고 무엇을 전해야 할지 망설여집니다. 그런데 전도는 말 그대로 '도', 즉 복음을 전하는 것입니다. 복음은 기쁜 소식으로 죄와 죽음과 사탄으로부터 얽매여 있는 우리를 예수님의 십자가 은혜로 구원했다는 것입니다. 나아가 하나님이 아버지가 되어주고 예수님을 통해 자녀 삼아주시며, 성령님이 우리를 인도해 준다는 것을 전하는 것입니다.

마태복음은 예수님께서 부활하시고 하늘로 승천하시기 전, 제자들에게 마지막으로 당부해야 할 중요한 내용에 대해 기록했습니다. 예수님은 제자들에게 모든 사람을 제자로 삼아 세례를 주고 예수님이 가르쳐준 모든 것을 가르쳐 지키게 하라고 했습니다. 이때 예수님이 가르쳐준 것은 성경에 기록되어 있습니다. 결국 성경의 가르침을 제대로 배우고 깨달아 그 말씀대로 살아가고, 그 말씀을 사람들에게 가르치라는 것입니다. 이를 위해 주님은 우리와 항상 함께하십니다.

> 예수께서 나아와 말씀하여 이르시되 하늘과 땅의 모든 권세를 내게 주셨으니 그러므로 너희는 가서 모든 민족을 제자로 삼아 아버지와 아들과 성령의 이름으로 세례를 베풀고 내가 너희에게 분부한 모든 것을 가르쳐 지키게 하라 볼지어다 내가 세상 끝날까지 너희와 항상 함께 있으리라 하시니라 (마태복음 28:18-20)

그런데 말씀을 전하고 가르치기 위해서는 때를 얻든지 못 얻든지 항상 힘써야 합니다. 단, 오래 참음으로 하라고 합니다. 이는 인내와 함께 무례한 태도로 하지 말라는 것입니다. 함부로 말하면 안 됩니다. 예의가 있고 품위가 있어야 합니다.

너는 말씀을 전파하라 때를 얻든지 못 얻든지 항상 힘쓰라

범사에 오래 참음과 가르침으로 경책하며 경계하며 권하라

(디모데후서 4:2)

로마서에는 누구든지 주의 이름을 부르는 사람은 구원을 받는다고 기록하고 있습니다. 그래서 전하는 일이 중요합니다. 들어야 복음을 알고 믿을 수 있는데 전하지 않으면 듣는 것 자체가 불가능합니다. 우리도 누군가가 복음을 전해 주었기에 믿게 되었습니다. 믿음은 하나님의 은혜이고 사람의 선택과 순종이지만 누군가가 전해야 선택도 할 수 있고 은혜도 임할 수 있습니다. 복음을 전하는 발이 아름답습니다.

누구든지 주의 이름을 부르는 자는 구원을 받으리라 그런즉 그들이 믿지 아니하는 이를 어찌 부르리요 듣지도 못한 이를 어찌 믿으리요 전파하는 자가 없이 어찌 들으리요 보내심을 받지 아니하였으면 어찌 전파하리요 기록된 바 아름답도다 좋은 소식을 전하는 자들의 발이여 함과 같으니라 (로마서

10:13-15)

기도와 세례와 성찬입니다. 기독교인 개인과 교회 공동체에서 기도는 일상적인 행위입니다. 기도는 하나님과 대화하는 것입니다. 때로 하나님께 기쁨, 감사, 찬양을 고백하고 말하고, 필요한 것을 구합니다. 슬픔, 낙심, 분노, 억울함 등을 호소하기도 합니다. 때로는 이웃과 사회를 위해 기도하고, 누군가의 안전과 평안 병 낫기를 구합니다. 하나님은 신자의 기도와 교회 공동체의 기도를 들으시고 응답합니다. 그 요청대로 들어주기도 하지만 거절함을 통해서도 대답합니다.

기도하는 사람은 아무것도 염려하지 말고 구하라고 합니다. 그리고 그 결과가 원하는 대로 이루어졌든 그렇지 않든 감사하라고 빌립보서에 기록되었습니다. 응답되어도 교만하지 말고 응답되지 않아도 좌절하지 말라 합니다. 모든 것은 결국 합력해서 선을 이루게 될 것을 믿기 때문입니다.

> 아무 것도 염려하지 말고 다만 모든 일에 기도와 간구로, 너희 구할 것을 감사함으로 하나님께 아뢰라 그리하면 모든 지각에 뛰어난 하나님의 평강이 그리스도 예수 안에서 너희 마음과 생각을 지키시리라 (빌립보서 4:6-7)

세례와 성찬은 '성례'라고 합니다. 기독교는 세례와 성찬 두 가지의 성례를 합니다. 세례는 믿음을 교회 공동체 앞에서, 그리고 가족이나 지인들 앞에서 고백하는 공적 행사입니다. 예수님께서 십자가에 죽음과 같이 자기 중심성의 원죄와 탐욕도 죽었다고 고백하는 것입니다. 또한 예수님이 부활하신 것처럼 하나님 중심으로 회복되고 사는 것입니다. 로마서는 이런 세례의 뜻과 의미를 소개합니다.

> 무릇 그리스도 예수와 합하여 세례를 받은 우리는 그의 죽으심과 합하여 세례를 받은 줄을 알지 못하느냐 그러므로 우리가 그의 죽으심과 합하여 세례를 받음으로 그와 함께 장사되었나니 이는 아버지의 영광으로 말미암아 그리스도를 죽은

자 가운데서 살리심과 같이 우리로 또한 새 생명 가운데서 행하게 하려 함이라 (로마서 6:3-4)

예수님은 십자가에 죽기 전 당시 규례에 따라 유월절 식사를 제자들과 함께했습니다. 유월절은 이스라엘 백성이 이집트에서 탈출할 때를 기념하는 절기입니다. '유월절'(逾越節)은 히브리어로 '페사흐'(פסח,)라고 합니다. 양을 잡아먹고 그 피를 문기둥에 발랐는데 그렇게 피를 바른 집은 죽음이 넘어갔다는 의미입니다.

유월절에는 누룩 넣지 않은 빵과 양을 잡아먹으며 특별한 식사를 했습니다. 예수님은 제자들에게 빵을 떼어 주시며 자신의 몸이라고 했습니다. 또 포도주를 주시며 자신의 피라고 합니다. 피와 몸을 준다는 것은 죽음을 의미합니다. 십자가에 죽음으로 모든 사람의 죄를 대신해 구원할 것을 의미하는 것입니다. 기독교는 이를 기억하고 기념해 포도주 또는 포도주스와 빵을 떼어 먹는 성찬식을 합니다.

그들이 먹을 때에 예수께서 떡을 가지사 축복하시고 떼어 제자들에게 주시며 이르시되 받아서 먹으라 이것은 내 몸이니라 하시고 또 잔을 가지사 감사 기도 하시고 그들에게 주시며 이르시되 너희가 다 이것을 마시라 이것은 죄 사함을 얻게 하려고 많은 사람을 위하여 흘리는 바 나의 피 곧 언약의 피니라

(마태복음 26:26-28)

기독교 개혁자 칼빈(Jean Calvin)은 "하나님께서는 그분을 아버지로 섬기는 자들에게 교회를 어머니로 주셨다"라고 했고, 아프리카 카르타고 주교였던 키푸리아누스(Cyprianus)는 "만일 당신이 교회를 당신의 어머니로 가지지 못한다면 당신은 하나님을 아버지로 가질 수 없다"라고 했습니다.

교회는 삼위일체 하나님을 믿는 사람들의 모임이며 삼위일체 하나님을 따라 사랑하고 사랑을 전하는 공동체입니다. 우리는 어머니와 같은 교회에서 하나님을 예배하고 서로 사랑하

며 교제하고 봉사하고 전하며 사랑의 복음을 배웁니다.

참고도서

<IVP 기초 성경공부 시리즈-One to One> IVP. 1995.
<기독교의 기본진리> 존 스토트. 황을호 역. 생명의말씀사. 1962.
<꼭 알아야 할 기독교 핵심 시리즈> 데릭 프람. 웨인 그루뎀 등. 부흥과개혁사. 2013.
<복음기초반> 이규현. 두란노. 2022.
<새가족반> 이정규. 복있는사람. 2018.
<새신자반> 이재철. 홍성사. 2021.
<신앙의 기본기> 이진오. 시커뮤니케이션. 2018.
<신을 모르는 시대의 하나님-사도신경> 강영안. IVP. 2007.
<예수 믿음 구원 천국> 남오성. 뉴스앤조이. 2022.
<옥한흠 다락방 시리즈1-새가족모임 교재> 옥한흠. 국제제자훈련원. 1989.
<우리가 믿는 것들에 대하여> 김진혁. 복있는사람. 2022.
<일대일 제자양육 성경공부> 두란노. 1989.
<재편> 이진오. 비아토르. 2017.
<제임스 패커의 기독교 기본 진리-사도신경. 주기도문> 제임스 패커. 김진웅 역. 아바서원. 1994.
<제자양육 성경공부> 조현삼. 생명의말씀사. 2018.
<중근동의 눈으로 읽는 성경-구약편/신약편> 김동문. 선율. 2019.
<풍성한 삶의 기초> 김형국. 비아토르. 2017.